Eine Bildreise

Michael Heidbrink / Heinz Teufel / Ellert & Richter Verlag

Der Nord-Ostsee-Kanal

Michael Heidbrink, geb. 1963 in Lage/Lippe. Nach dem Maschinenbaustudium als Diplomingenieur bei der Wasser- und Schiffahrtsverwaltung des BMV tätig, zuerst in Hamburg, seit 1993 in Rendsburg als Leiter einer Instandsetzungswerft für Kanalfähren und Spezialfahrzeuge der Wasser- und Schiffahrtsverwaltung am Nord-Ostsee-Kanal, der ehemaligen Saatsee-Werft.

Heinz Teufel, geb. 1949, Studium an der Fachhochschule für Gestaltung in Kiel. Tätig als Landschaftsgestalter, Bildhauer und Fotograf. Zahlreiche Ausstellungen und Veröffentlichungen, u. a. in GEO, MERIAN, SAISON. Im Ellert & Richter Verlag sind von ihm folgende Bücher erschienen: die Bildreisen „Noldes Landschaft", „Lüneburger Heide", „Usedom", „Hiddensee" und in der Weißen Reihe „Sylt" und „Monets Garten".

Titelabbildung: der Nord-Ostsee-Kanal in der Nähe von Sehestedt zwischen Rendsburg und Kiel

Bildnachweis:
Abbildungen im Textteil:
Historisches Museum, Rendsburg: S. 84
Heinz Teufel, Eckernförde: S. 19, 28, 29, 44, 45, 46, 47, 73
Stadtarchiv, Kiel: S. 6, 7, 16, 17, 85
Farbfotos:
Heinz Teufel, Eckernförde

Die Deutsche Bibliothek – CIP-Einheitsaufnahme

Der **Nord-Ostsee-Kanal** / Michael Heidbrink /
Heinz Teufel. – Hamburg : Ellert und Richter, 1995
(Eine Bildreise)
ISBN 3-89234-588-0
NE: Heidbrink, Michael; Teufel, Heinz

Text und Bildlegenden: Michael Heidbrink, Rendsburg
Gestaltung: nach Entwürfen von Hartmut Brückner, Bremen
Lektorat: Iris Klein, Hamburg
Lithographie: Offset-Repro im Centrum, Hamburg
Satz: C. H. Wäser, Bad Segeberg
Karte: Studio für Landkartentechnik
Detlef Maiwald, Norderstedt
Druck: C. H. Wäser KG, Bad Segeberg
Bindung: S. R. Büge, Celle

Inhalt

Der Nord-Ostsee-Kanal als die bedeutendste künstliche Wasserstraße Europas ist heute nicht mehr wegzudenken. Der Kanal wurde 1895 für den Verkehr freigegeben und ermöglicht Schiffahrt auf direktem Wege zwischen Nord- und Ostsee. In den Gedanken und Träumen der Menschen im Norden bestand die Vorstellung einer solchen Verbindung aber schon erheblich länger.

Bereits zu Zeiten der Wikinger suchte man nach Wasserwegen, um den Handel zwischen den nordeuropäischen Meeren mit Schiffen zu ermöglichen. Gegen Ende des 7. Jahrhunderts entwickelte sich ein reger Güteraustausch zwischen dem Ostseeraum und dem Westen und Süden Europas. Hauptsächlich wurden hochwertige Produkte wie Pelze und Bernstein aus dem Osten sowie Tuche, Wein, Glas- und Tongefäße aus dem Westen gehandelt.

Handelsherren im Ostseeraum waren zu dieser Zeit die Wikinger, ein nordisches Volk von Händlern und Kriegern. Entgegen der weitverbreiteten Vorstellung von den plündernden und mordenden Barbaren aus dem Norden bestand der überwiegende Teil der wikingischen Bevölkerung aus Bauern, Fischern und Händlern und lebte im heutigen Dänemark und Schleswig-Holstein. Sie waren hervorragende Schiffbauer und Seefahrer, die für ihre Handelstransporte Schiffe und Boote bevorzugten.

In geschützten Häfen legten sie am Wasser Handelsplätze an. Haithabu an der Schlei war einer der bedeutendsten dieser Zeit, nicht zuletzt aufgrund seiner geschützten Lage an einer Bucht weit im Landesinneren. Hier kreuzte der von Norden nach Süden verlaufende Ochsenweg den von West nach Ost führenden Handelsweg zwischen Nord- und Ostsee.

Während der Ochsenweg, ein landgebundener Verkehrsweg mit Ursprung im heutigen Hamburg, nur Karrentransport zuließ, konnte die Beförderung von Gütern von West nach Ost größtenteils auf dem natürlichen Wasserweg erfolgen. Von der Ostsee kommend, folgten die Handelsboote der Schlei bis Haithabu, dort wurden die Waren auf Karren verladen und bis Hollingstedt an der Treene transportiert. Von hier aus war über Treene und Eider wieder Schiffahrt bis in die Nordsee und von dort in alle Häfen Süd- und Westeuropas möglich.

Der etwa 16 Kilometer lange Landtransportweg von Haithabu bis Hollingstedt war zwar beschwerlich, aber aufgrund der Warenstruktur möglich. Die Überwindung dieses Landhindernisses mit ganzen Schiffsladungen war eine beachtliche Leistung, wenn man sich die primitiven Karren der damaligen Zeit vorstellt. Ein großer Teil der Waren mußte von den Menschen oder mit Lasttieren transportiert werden. Ein wichtiges Gut der Wikinger allerdings konnte den Landweg selbst beschreiten: die Sklaven.

Die Vorstellung einer Kanalverbindung hat sicher auch bei den Wikingern schon existiert. Die Technologie des frühen Mittelalters ließ jedoch die Überwindung von etwa 30 Metern Höhenunterschied für die Querung der Geest nicht zu.

Ein Landtransport beladener Boote wurde in der historischen Forschung zeitweise vermutet, er scheint aber nur in Einzelfällen zur Überführung leerer Fahrzeuge unternommen worden zu sein. Bei dem durchschnittlichen Gewicht eines beladenen Handelsbootes von über zehn Tonnen wäre das beschwerliche Schieben über hintereinandergelegte Rollen aus Baumstämmen auch viel zu zeitaufwendig und kraftraubend gewesen.

Auch mit dieser kurzen Unterbrechung der Fahrt über die natürlichen Wasserwege Schlei, Treene und Eider wird der Handelsweg der Wikinger als der älteste Vorläufer des modernen Nord-Ostsee-Kanals angesehen.

Nach der Zerstörung Haithabus im Jahr 1066 geriet der alte Handelsweg in Vergessenheit und wurde erst in der zweiten Hälfte des 16. Jahrhunderts wieder zum Gegenstand planerischer Tätigkeit. Herzog Adolf von Gottorp legte 1571 Kaiser Maximilian II. die Studie eines Schiffahrtskanals zur Eider vor. Die ehrgeizigen Verkehrsplanungen eines einzelnen Fürsten scheinen jedoch keinen rechten Anklang gefunden zu haben, denn die Pläne wurden nicht verwirklicht.

Erst im Jahr 1773, unter Führung der dänischen Regierung, begann eine Kanalkommission mit der erneuten Planung eines Wasserweges von West nach Ost. Erste Entwürfe einer Verbindung von Kiel zur Elbe wurden aus Kostengründen bald verworfen, und man entschied sich 1776 für einen Kanal von der Obereider zur Kieler Förde, den Schleswig-Holsteinischen Kanal, auch unter dem Namen Eiderkanal bekannt. Dem Nachteil der erheblich längeren Strecke über die Eider standen Kosteneinsparungen von 75 Prozent im Vergleich zum vollständigen Durchstich gegenüber.

Zur Weltausstellung in Chicago segelte diese Nachbildung eines Wikingerschiffs von Norwegen auf eigenem Kiel. Ähnliche Schiffe befuhren bis ins 11. Jahrhundert mit Handelsgütern auch die Eider. Der Name des Flusses entstammt der altnordischen Mythologie und bedeutet „Tür des Meergottes Ägir“ (Aegyr dör).

Auch im 18. Jahrhundert wurde Verkehrspolitik vom Geldbeutel und nicht nur von den Notwendigkeiten einer sinnvollen Streckenplanung beeinflußt – Parallelen zur heutigen Zeit drängen sich auf.
In einer Bauzeit von siebeneinhalb Jahren (1777–1784) entstand nun unter dänischer Hoheit die erste durchgängig mit dem Schiff zu befahrende Verkehrsverbindung zwischen Nord- und Ostsee: der Eiderkanal. Die gesamte Wegstrecke betrug 173 Kilometer, allerdings erreichte der eigentliche Kanal nur eine Länge von 34 Kilometern. Die restliche Strecke wurde auf der Eider sowie auf mehreren Binnenseen zurückgelegt.
Insgesamt gab es sechs Schleusen zur Überwindung der Höhenunterschiede: in Holtenau, Knoop, Rathmannsdorf, Königsförde, Kluvensiek und Rendsburg. Sie überwanden jeweils Höhenunterschiede zwischen 2 und 2,6 Metern. Der Kanal hatte einen trapezförmigen Querschnitt mit 28,7 Metern Wasserspiegelbreite. Er konnte von Schiffen mit maximal 2,8 Metern Tiefgang befahren werden. Bei Abmessungen der Schleusenkammern von 35 mal 7,8 Meter war er für einen damals üblichen Schiffstyp von 28,7 Meter Länge, 7,5 Meter Breite und 2,7 Meter Tiefgang mit 260 Tonnen Tragfähigkeit ausgelegt. Über vier Schleusen wurden Klappbrücken zur Wiederherstellung der Wegverbindungen gelegt, weiterhin gab es noch zwei Wegbrücken auf freier Strecke. Im 19. Jahrhundert folgten zwei weitere für das modernste Verkehrsmittel dieser Zeit, die Eisenbahn.

Die Schleuse Knoop des alten Eiderkanals war die zweite von sechs Schleusen auf dem Weg von Holtenau bis Rendsburg. Der Aufstieg in die rund sieben Meter hohe Scheitelhaltung, den höchsten Abschnitt einer künstlichen Wasserstraße, am Flemhuder See erfolgte über die ersten drei Schleusen. Von hier aus wurde das natürliche Gefälle der Eider, deren Verlauf der Kanal nun folgte, mit drei weiteren Schleusen bis Rendsburg überwunden.

Die Benutzung des Eiderkanals unterlag seit Inbetriebnahme einer Gebührenabgabepflicht, war aber trotz wechselnder politischer Verhältnisse stets frei für Schiffe aller Nationen. Die Reise von Holtenau bis Tönning dauerte je nach Witterung drei bis vier Tage. Auf Teilstrecken konnte bei günstigem Wind gesegelt, überwiegend mußte aber getreidelt werden. Man spannte dazu je nach Schiffsgröße zwei bis vier am Ufer entlangtrabende Pferde mit langen Leinen vor die Schiffe und zog diese so den Wasserweg entlang. Auf kurzen Streckenabschnitten wurde die Zugarbeit auch von Männern der Besatzung durchgeführt, eine für heutige Verhältnisse unzumutbare Methode des Schiffsantriebs. Ab Mitte des 19. Jahrhunderts gab es vereinzelt auch Schleppbetrieb mit Dampfern.

Die Gebührenstruktur stellte ein erhebliches Politikum dar. Die dänische Regierung wollte nicht auf das einträgliche Geschäft der Sundzölle nördlich von Skagen verzichten. Also wurden die Kanalgebühren sehr hoch angesetzt, um den Sundverkehr durch die neue Konkurrenzwasserstraße nicht zu sehr zu beeinträchtigen. In den ersten Betriebsjahren erwirtschaftete der Kanal trotz recht geringer Verkehrszahlen Gewinn. Mit zunehmender Schiffsgröße konnten ihn allerdings immer weniger Seeschiffe nutzen, da die Abmessungen von Schleusen und Kanal für sie zu klein wurden. Die Kleinschiffahrt hingegen erbrachte nicht das notwendige Gebührenaufkommen, so daß sich der Eiderkanal sehr bald nach seiner Eröffnung zu einem Zuschußgeschäft entwickelte.
Auch die Wirren der napoleonischen Zeit mit Handelsbeschränkungen und Kriegen beeinflußten das Verkehrsaufkommen negativ, so daß erst in der zweiten Hälfte des 19. Jahrhunderts etwa 4 500 Passagen pro Jahr erreicht werden konnten. Gemessen an der immens gestiegenen Anzahl der Schiffe in Europa und dem starken Sundverkehr stellt aber auch diese Zahl eine Negativbilanz dar. Im Verhältnis zur Gesamtentwicklung des Nord-Ostsee-Verkehrs verringerte sich die Nutzung des Eiderkanals ständig. Zuletzt erfolgte sie eigentlich nur noch durch Anlieger auf Teilpassagen – ein Verkehr, der lediglich einen Bruchteil des einstmals geplanten Aufkommens darstellte und den Eiderkanal zur Bedeutungslosigkeit verurteilte.
Mit der technisch erfolgreichen Entwicklung des Dampfantriebs für große Schiffe wurde der Eiderkanal mit seinen engen Windungen, der geringen möglichen Fahrtgeschwindigkeit sowie seinen zu kleinen Abmessungen nutzlos für die Handelsschiffahrt. Strategische Bedeutung wurde ihm ohnehin kaum beigemessen, da viele Kriegsschiffe schon bei der Eröffnung zu groß für die Kanalpassage waren.

Flußmündung in der flachen Marschlandschaft bei Friedrichstadt: An dieser Stelle verließen die von der Nordsee kommenden wikingischen Handelsboote die Eider und folgten der Treene bis in die Nähe von Hollingstedt, um die Waren dann auf dem beschwerlichen Landweg bis Haithabu zu befördern. Über die Brücke im Hintergrund, Zeugnis einer fortgeschritteneren Verkehrstechnik, verläuft heute die Westküstenbahn nach Sylt.

Von 1933 bis 1936 wurde die Schleuse Nordfeld im Rahmen der ersten Eiderabdämmung errichtet. Bis zu diesem Zeitpunkt reichte der Tidenhub auf dem Fluß bis ins Rendsburger Stadtgebiet und sorgte bei Sturmfluten für Überschwemmungen bis weit ins Landesinnere. Die damals erste Abdämmung dieser Art in Europa bestand aus langen Deichlinien, dem Schleusenbauwerk mit fünf Entwässerungsschleusen und einer Schiffahrtsschleuse. Kurze Zeit nach Inbetriebnahme stellte sich jedoch heraus, daß die Anlage die Entwässerung der Eiderniederungen und die natürliche Flußmorphologie empfindlich störte und der Fluß unterhalb der Abdämmung sehr schnell versandete. Mit dem Mißstand lebte man lange Jahre, da die Eider für die Schiffahrt keine große Bedeutung mehr hatte. Erst 1973 wurde das neue, im direkten Mündungsgebiet gelegene Eidersperrwerk fertiggestellt.

Zunächst fährt man den Eiderfluß hinauf, der sich in unzähligen Krümmungen dahinwindet. Oft kommt man ganz nahe an den Punkt wieder zurück, wo man vorher war, und ich schätze die Länge der Wasserstraße von Tönning nach Rendsburg zu mindestens 150 Kilometer, während die Luftlinie gewiß nicht mehr als etwa 80 beträgt. Das Land ist flach, aber üppig grün, und hat viele Weiden, auf denen sich Pferde, Kühe und Schafe zu Hunderten nach Herzenslust bedienen." So beschreibt Paul Verne den Fluß nach einer Reise über Eider und Eiderkanal mit seinem bekannteren Bruder, dem Schriftsteller Jules, im Sommer 1881. Wer heute die Eider entlangfährt, wird einen ähnlichen Eindruck erhalten. Die Art des Verkehrs allerdings hat gewechselt. Heute sind Sportboote – wie hier auf der Untereider bei Rendsburg – die Regel und nicht das buntgemischte Publikum, das Verne beobachtet hat: „Der Fluß ist im allgemeinen zwar tief genug, aber das eigentliche Fahrwasser oft von zu vielen Küstenfahrzeugen jeder Art, vorzüglich von roten, blauen und grünen Galioten, beansprucht, auf denen der Schiffer gleich mit Weib und Kind wohnt."

V

Von 1784 bis 1895 wurde der Eiderkanal, offiziell unter dem Namen Schleswig-Holsteinischer Kanal geführt, für die Schiffahrt zwischen Nord- und Ostsee genutzt. Die Schleuse Königsförde konnte dank der Initiative des Canal-Vereins wieder in den Originalzustand versetzt und der Öffentlichkeit 1988 zugänglich gemacht werden. Sie war eine von sechs Schleusen des Eiderkanals und überwand einen Höhenunterschied von 2,3 Metern. Die Klappbrücke wurde nach holländischem Vorbild konstruiert.

Im Frieden von Wien, im Jahr 1864, trat der dänische König Christian IX. das Herzogtum Schleswig-Holstein an Preußen und Österreich ab; nach dem Sieg Preußens über Österreich am 3. Juli 1866 schließlich war der Weg frei für eine Integration Schleswig-Holsteins in den preußischen Staat.

Militär- und handelspolitische Erwägungen führten in Preußen schon bald zu ersten Gesprächen über den möglichen Bau eines Kanals zwischen Nord- und Ostsee. So beauftragte man den Geheimen Oberbaurat Lentze, mögliche Streckenführungen zu erkunden. Er entschied sich für den schon früher geplanten vollkommenen Durchstich von St. Margarethen nach Eckernförde. Daraufhin entbrannte ein heftiger Wettstreit zwischen den schleswig-holsteinischen Städten um die Trassenführung. Jede von ihnen wollte einen Hafen am neuen Kanal erhalten, da man sich von ihm wirtschaftlichen Aufschwung versprach. Infolgedessen wurde in der nächsten Zeit eine Reihe alternativer Vorschläge eingereicht.

Nach der Gründung des Deutschen Reichs 1871 stellte Admiral Alfred von Tirpitz (1849–1930) Überlegungen zum Aufbau einer gemeinsamen großen deutschen Flotte an und forcierte diesen Plan vehement. Damit verbunden war die Notwendigkeit eines Kanals zwischen Nord- und Ostsee zur Verlegung der Flotteneinheiten in das jeweilige Einsatzgebiet. Maßgeblicher Gegner dieses Projekts war Generalfeldmarschall Helmuth Graf von Moltke (1800–1891), ein Heeresoffizier, der die strategische Notwendigkeit einer großen Flotte für das Deutsche Reich in Frage stellte und somit auch die Kosten für den Kanalbau lieber in die Stärkung des Heeres investieren wollte.

In dieser Phase der Unentschlossenheit und des Zweifels am militärischen Nutzen trat eine weitere Person auf den Plan: der Hamburger Reeder Hermann Dahlström. Er brachte die alte Idee des Handelskanals wieder ins Spiel und legte 1878 eine Broschüre über die Ertragsfähigkeit eines schleswig-holsteinischen Schiffahrtskanals vor. Die darin geäußerten Gedanken wurden positiv aufgenommen, und das Reich erteilte Dahlström 1880 die Erlaubnis zum Beginn der allgemeinen Vorplanungen.

Der Holzstich von 1891 aus der Leipziger „Illustrierten Zeitung“ zeigt die Bauarbeiten zur Holtenauer Kanalschleuse. Deutlich sichtbar im Hintergrund die Kieler Förde und wartende Schiffe vor der Einfahrt in die erste Schleuse des noch in Betrieb befindlichen Eiderkanals.

Der Kanalbau sollte nach Ansicht des Reeders durch eine Aktiengesellschaft unter Beteiligung des Deutschen Reichs, Preußens und privater Investoren finanziert werden. Um Gewinn zu erzielen, mußte die wirtschaftlichste Streckenführung gewählt werden; sie mündete in Eckernförde, nicht aber in Kiel mit seinen neuerbauten Marineanlagen. Admiral Tirpitz hingegen favorisierte die Anbindung von Kiel und eine alleinige Finanzierung durch das Deutsche Reich und Preußen, konnte dies aber politisch noch nicht durchsetzen.

Die entscheidende Wendung zugunsten des Kanals war begründet in einem allgemeinen Trend dieser Zeit, dem Kolonialismus. Auch das Deutsche Reich unter Kaiser Wilhelm I. (1871–1888) wollte an dem Reichtum der Kolonien teilhaben und benötigte hierfür eine starke und mobile Flotte. Die Gegner von Flotte und Kanal verloren allmählich ihre breite Unterstützung im Reichstag und in Militärkreisen, und der Kanalbau konnte nun beschlossen werden.

Da aber die strategische Nutzung der Wasserstraße im Vordergrund stand, plante man die Finanzierung ohne private Investoren. In Preußen gab es erheblichen Widerstand gegen einen in der Gesetzesvorlage verankerten Prinzipalbeitrag in Höhe von ungefähr einem Drittel der Baukosten durch Preußen. Hier setzte sich Otto von Bismarck (1815–1898) als Mitglied der preußischen Regierung stark für den Kanal ein und erreichte schließlich im Sommer 1886 die Zustimmung zu der Kostenbeteiligung in Höhe von 50 Millionen Mark an den veranschlagten Baukosten von insgesamt 156 Millionen Mark.

Bereits im März dieses Jahres war die Kanalvorlage mit großer Mehrheit im Deutschen Reichstag angenommen und das „Gesetz betreffend die Herstellung des Nord-Ostseekanals“ verabschiedet worden. Der Bauausführung stand also nichts mehr im Wege, und schon einen Tag nach der Zustimmung Preußens wurde eine Kaiserliche Kanalkommission mit Sitz in

Kiel ins Leben gerufen, die nach nur drei Monaten Konsolidierungsphase am 1. Oktober 1886 in vollem Umfang ihre Tätigkeiten aufnahm.
Mit der Durchführung des Projekts wurden zunächst vier Bauämter längs der Strecke beauftragt, später wurde noch ein fünftes eingerichtet. Die Hauptaufgaben lagen in der ersten Zeit bei den Bauämtern in Brunsbüttel und Holtenau, die die Schwierigkeiten des Schleusenbaus zu bewältigen hatten und daher auch personell am stärksten besetzt waren. Dabei wurden die leitenden Posten an technische Beamte verschiedener deutscher Länder vergeben, eine Personalpolitik, die die Identifikation mit dem Projekt auch außerhalb Schleswig-Holsteins fördern sollte. Neben den Technikern setzte man Verwaltungsbeamte ein, einen Marinearzt für die medizinische Betreuung der Arbeiter sowie ehemalige Marineoffiziere zu ihrer Beaufsichtigung.
Die endgültige Festlegung der Abmessungen des Kanals richtete sich nach den Erfordernissen von Marine und Handelsschiffahrt. Sie beliefen sich auf eine Länge von 98,6 Kilometern, eine Breite im Wasserspiegel von 66,7 und eine Wassertiefe von 9 Metern. Die Doppelschleusen in Holtenau und Brunsbüttel sollten jeweils eine Kammerlänge von 125 und eine Breite von 25 Metern erhalten. Die technische Größe und Einmaligkeit dieser Schleusen zeigte sich auch in der Präsentation gerade dieser Objekte als maßstabsgetreuer Modelle auf der Weltausstellung in Chicago 1893. Neben den Schleusen waren Ausweichstellen für die Begegnung großer Schiffe sowie Brücken und Fährstellen zu errichten. Die feierliche Grundsteinlegung erfolgte am 3. Juni 1887 durch Kaiser Wilhelm I. in Holtenau.
Der Erwerb der für den Kanalbau erforderlichen Flächen von den Grundbesitzern erfolgte überwiegend problemlos. Man zahlte den Eigentümern eine von Sachverständigen festgesetzte Summe als Entschädigung. Zur Vermeidung von Enteignungsverfahren waren die Amtsvorstände der Bauämter ermächtigt, diese Summe um bis zu vier Prozent zu erhöhen. In den meisten Fällen ging der Landankauf reibungslos von statten, und so waren nur wenige gerichtliche Verfahren notwendig.
Von den auf diese Weise angekauften 3 892 Hektar Land benötigte man 52 Prozent für den eigentlichen Kanalbau mit seinen Nebenanlagen. Die restlichen 48 Prozent wollte man als Ablagerungsfläche für den Bodenaushub nutzen oder mußte sie vom ehemaligen Eigentümer mit der benötigten Fläche zusammen erwerben, da sie für diesen als Restfläche nutzlos gewesen wäre. Der Ankauf schritt zügig voran, und so konnte man im Frühjahr 1888 mit der Vergabe der Bauaufträge und der Durchführung der eigentlichen Erdarbeiten beginnen.
Bis auf wenige Ausnahmen übernahmen freie Unternehmer den Erdaushub. Diese hatten sich dabei jedoch nach strengen Vorgaben zu richten: So durften sie nur Arbeiter über 17 Jahren beschäftigen, ausnahmsweise wurden allerdings auch schon 15jährige in Begleitung ihrer Väter zugelassen. Eine vorherige ärztliche Untersuchung war generell Pflicht. Auch die politische Überzeugung der Arbeiter wurde überprüft; Angehörige der „anarchistischen und sozialdemokratischen Partei“ durften selbstverständlich nicht am Bau dieses reichs- und militärpolitisch wichtigen Kanals mitwirken.
Wer eingestellt wurde, kam in den Genuß umfangreicher Sozialfürsorge durch die Verwaltung. So errichtete und bewirtschaftete das Reich längs der Baustrecke mehrere Barackenlager als Unterkunft für die Arbeiter, die dort auch verpflegt wurden. Als Gegenleistung mußte der von seiner Fürsorgepflicht befreite Unternehmer eine Kostenerstattung vom Arbeitnehmer fordern und an die Verwaltung abführen. Man nahm die Fürsorgepflicht sehr ernst und stellte auch die ärztliche Versorgung mit Krankenrevieren in den Barackenlagern und zwei Lazaretten weitgehend sicher.
Die Lager wurden von ehemaligen Offizieren beaufsichtigt, auch sonst entsprachen die Einrichtung der Unterkünfte und die Verpflegung militärischem Vorbild. Letztere orientierte sich an den Verpflegungsraten des Militärs, wobei die Kanalverwaltung

Feierliche Schlußsteinlegung zum Kaiser-Wilhelm-Kanal am 21. Juni 1895 durch Kaiser Wilhelm II. in Kiel-Holtenau. Für diese Feier war in Holtenau eine besondere Festhalle in Form eines großen Dreimasters, der 1849 gebauten Fregatte „Niobe“, errichtet worden.

eine „großzügige" Bemessung zugesichert hatte. Für Unterbringung und Verpflegung hatte ein Erdarbeiter 65 Pfennige von seinem Lohn in Höhe von 3,30 Mark für die zehnstündige Schicht abzugeben.

Standen schon bei Baubeginn im Jahr 1888 ungefähr 3000 Mann in Lohn und Brot, so stieg die Zahl der Beschäftigten bis 1892 auf 8900 an. Die meisten waren Erdarbeiter; dazu kamen die benötigten Handwerker, Maschinisten, Schiffsbesatzungen und Aufsichtspersonen. Auch ein großer Anteil ausländischer Arbeitskräfte, vor allem aus Italien, Polen und Rußland, war vertreten.

Je nach Beschaffenheit des Untergrunds wurde das Kanalbett im Trockenen oder im Nassen, also im Wasser, ausgehoben. Im ersten Fall gruben speziell für dieses Projekt entwickelte Eimerkettenbagger eine Tiefe von ungefähr drei bis vier Metern in einem Arbeitsgang aus und verluden das Baggergut in Lorenbahnen. Diese brachten es dann an den neuen Einbauort, zum Beispiel zu einem Damm oder auf die Ablagerungskippen. Im Wasser hingegen wurde mit schwimmenden Eimerkettenbaggern gearbeitet und der Aushub in Kähne verladen. Nur im Einzelfall und für die Feinanpassung des Kanalprofils wurde mit Hand ausgehoben. Eingesetzt wurden dabei bis zu 28 Trocken- und 34 Naßbagger; für den Transport verwendete man 90 Lokomotiven, 2500 Kipploren und 133 Schlepper und Schleppkähne. Diese für die damalige Zeit fortschrittliche Technologie ermöglichte schließlich auch die Einhaltung des Zeitplans, obwohl immer wieder Böschungen abrutschten und der schwierige Baugrund mehr als einmal Probleme aufwarf.

Mit dem Ausheben und Befestigen des Kanals wie auch dem Bau der Schleusen war es jedoch nicht getan, mußten doch auch noch Brücken und Betriebsanlagen erstellt werden. So errichtete man in Grünenthal und Levensau zwei Hochbrücken als freitragende Stahlfachwerkkonstruktionen ohne Mittelpfeiler in Nietbauweise, außerdem in Taterpfahl, Rendsburg und Osterrönfeld Drehbrücken mit Pfeilern im Kanalbett. Zudem wurden Gebäude und Anlagen für den späteren Kanalbetrieb errichtet, unter anderem eine Streckenbefeuerungsanlage mit geradezu revolutionärer Hochspannungstechnik, Fernsprechverbindungen und Reparaturwerkstätten.

Trotz der erheblichen Schwierigkeiten gelang es, die geplante Bauzeit von acht Jahren einzuhalten. Auch die veranschlagte Bausumme von 156 Millionen Mark erwies sich als ausreichend für die Fertigstellung des Jahrhundertbauwerks.

Die Feierlichkeiten zur Eröffnung begannen am 19. Juni 1895 in Hamburg und endeten mit der Schlußsteinlegung in Holtenau durch Kaiser Wilhelm II. (1888–1918) am 21. Juni. Fast alle regierenden Fürsten des Deutschen Reichs, eine große Zahl ausländischer Diplomaten und Militärs sowie viele Ehrengäste nahmen an dem Festakt teil, bei dem der Nord-Ostsee-Kanal zu Ehren des verstorbenen Kaisers Wilhelm I. auf den Namen „Kaiser-Wilhelm-Kanal" getauft wurde.

Am 17. März 1895 erließ die Kanalverwaltung erstmals eine Betriebsordnung, die Gebührenregelungen und Befahrensbestimmungen enthielt. Das größte zugelassene Schiff wurde dabei mit 135 Meter Länge, 20 Meter Breite, 8 Meter Tiefgang und einer Mastenhöhe von 40 Metern über dem Wasserspiegel festgelegt. Außerdem wurde eine Pflicht zur Annahme von Lotsen und Kanalsteuerern eingeführt.

Schon bald aber stellte sich heraus, daß die Abmessungen des Kanals für die rasante Entwicklung im Schiffbau und hier speziell im Marineschiffbau nicht ausreichten. Da der strategische Nutzen dieses Wasserweges inzwischen nicht mehr angezweifelt wurde, konnte man 1907 ohne großen politischen Widerstand einen Entwurf für den Ausbau des Kaiser-Wilhelm-Kanals mit einem Kostenaufwand von 223 Millionen Mark durchsetzen. Dieser Plan beinhaltete die Erweiterung der Wasserspiegelbreite auf 103 Meter, eine Vertiefung des Kanals auf 11 Meter und die Begradigung mehrerer sehr stark gekrümmter Kurvenstrecken.

Auch die Abmessungen der Schleusen waren unter den veränderten Voraussetzungen ungenügend. Da hier eine Erweiterung der vorhandenen Bauwerke technisch unmöglich war, beschloß man den Neubau von je zwei Schleusen an den Kanalmündungen mit Kammerlängen von 330 und -breiten von 45 Metern. Außerdem war der Neubau von zwei weiteren Hochbrücken mit einer Durchfahrtshöhe von 42 Metern unumgänglich geworden.

Da die gesamten Bauarbeiten während des laufenden Kanalbetriebs durchgeführt werden sollten, gestaltete sich die Organisation der Erweiterung nicht gerade einfach. Überwiegend konnte allerdings auch hier, wie schon beim Neubau, im Trockenen gearbeitet werden: Man ließ zum Kanal hin Dämme stehen, die später entfernt wurden. Die Naßbaggerarbeiten zur Kanalvertiefung wurden noch überwiegend mit Eimerkettenbaggern ausgeführt, man arbeitete jedoch erstmalig auf Teilstrecken auch mit Saugbaggern. Bei der Erweiterung der alten Wasserstraße wurden ungefähr 100 Millionen Kubikmeter Erdreich bewegt, immerhin rund 25 Prozent mehr als bei deren Neubau.

Da für den Schleusenbau eine Grundwasserabsenkung von fast 27 Metern unter das Geländeniveau erforderlich war, die nur mit Hilfe leistungsfähiger Pumpen bewerkstelligt werden konnte, errichtete man eigens zu diesem Zweck neue Kraftwerke. Drei der vier alten Drehbrücken fielen der Erweiterung zum Opfer und wurden durch Hochbrücken ersetzt. Einzig in

Rendsburg wurde anstelle der alten Drehbrücke eine neue, in ihren Abmessungen der erweiterten Kanalbreite angepaßte Straßendrehbrücke installiert, da die für eine Hochbrücke erforderlichen Rampen im Stadtgebiet nicht realisiert werden konnten. In Holtenau, Hochdonn und Rendsburg entstanden Hochbrücken in genieteter Stahlfachwerkkonstruktion.

Die bisher üblichen handgetriebenen Seilfähren wurden durch motorgetriebene Kettenfähren ersetzt, und in Brunsbüttel nahmen erstmals freifahrende Dampffähren den Betrieb auf. Außerdem wurde die weithin bekannte Schwebefähre unter der Rendsburger Eisenbahnhochbrücke installiert.

Im Zuge der Modernisierung ersetzte man die Dampfantriebe der Schöpfwerke längs des Kanals durch Elektroantriebe und erbaute zahlreiche neue Gebäude für Weichen, Schöpfwerke und Werkstattanlagen sowie Wohnhäuser für Bedienstete.

Wie schon beim Neubau wurde die Arbeiterschaft in Barackenlagern untergebracht; die ärztliche Versorgung, Verpflegung und Wäscherei wurden von der Kanalverwaltung organisiert.

Im Giebelfeld über der Eingangstür des 1895 errichteten Holtenauer Leuchtturms sind auf einem Bronzerelief zwei Meerjungfrauen dargestellt. Sie versinnbildlichen die Nord- und die Ostsee, und ihr Händedruck symbolisiert deren gelungene Verbindung.

Um das Alkoholproblem auf den Baustellen besser in den Griff zu bekommen, wurden die Preise für Alkoholika in den Lagerkantinen stark erhöht. Alternativ bot man extrem verbilligte Limonade aus einer bei der Staatswerft Saatsee in Rendsburg eigens errichteten Limonadenfabrik an. Während der Erweiterung wurden bis zu 12 000 Arbeiter beschäftigt, unter ihnen wieder viele Ausländer, in der Hauptsache Italiener und aus Rußland stammende Polen.

Kurz vor Ausbruch des Ersten Weltkriegs fand am 23. Juni 1914 die offizielle Eröffnung der neuen Schleusen in Brunsbüttel statt. Diesmal waren die Arbeiten allerdings nicht termingerecht abgeschlossen, die Ausbaggerungen auf die Solltiefe von elf Metern konnten erst 1915 vollendet werden. Der Kostenrahmen von 223 Millionen Mark war bei der Erweiterung annähernd eingehalten worden; mit Restarbeiten ergab die Endabrechnung schließlich 242 Millionen Mark.

Die Abmessungen für das größte im Kanal zugelassene Schiff wurden neu definiert und betrugen jetzt 315 Meter Länge, 40 Meter Breite und 9,5 Meter Tiefgang. Der Verkehr pendelte sich zwischen 1920 und dem Kriegsbeginn 1939 auf 40- bis 50 000 Passagen pro Jahr ein, ein Wert, der auch schon 1913 im alten Kanal erreicht worden war.

Hatte der Erste Weltkrieg auch keine nennenswerten Spuren hinterlassen, waren doch nach dem Zweiten Weltkrieg erhebliche Teile des Kanals und seiner Anlagen zerstört oder stark verschlissen – teils durch direkte Kriegseinwirkungen wie Bombenangriffe, teils durch die aufgrund des Rohstoff- und Arbeitermangels stark vernachlässigte Unterhaltung. Daher stellte man 1954 einen Sanierungsbedarf in Höhe von mehr als 50 Millionen DM fest, während die Zahl der Schiffspassagen gleichzeitig stetig zunahm. Bis 1960 konnte die Verkehrssicherheit zwar wiederhergestellt werden, doch nun zeigte sich ein erheblicher Modernisierungsbedarf an den Anlagen.

Der Verkehrsengpaß Drehbrücke Rendsburg wurde 1961 mit der Inbetriebnahme eines vierspurigen Fahrzeugtunnels beseitigt; Weichen wurden vergrößert, Signalanlagen und die Hochbrücken Levensau und Grünenthal modernisiert. Bis 1969 ersetzte man elf Kettenfähren durch freifahrende Fähren und die Dampffähren in Brunsbüttel durch moderne motorgetriebene Fahrzeuge. Heutzutage sind auch die letzten Kettenfähren außer Betrieb genommen.

Es stellte sich in dieser Zeit auch heraus, daß zur Sicherung des Kanals bei den vorherrschenden hohen Verkehrszahlen eine erneute Anpassung des Querschnitts und der Krümmungsradien erforderlich wurde, um Böschungsrutschungen durch Wellenschlag und Sog zu mindern und die Standfestigkeit der Randbefestigungen zu gewährleisten. 1966 veranschlagte die Verwaltung die Kosten des Sicherungsprogramms, das auch die notwendige Verbreiterung des Wasserspiegels auf 162 Meter vorsah, auf 360 Millionen DM. Eine Anpassung der Tiefe des Kanalbetts und der Abmessungen der Schleusenkammern hingegen war nicht erforderlich und ist in Anbetracht der zurückgehenden Größen der Schiffsneubauten sowie der Verkehrsstrukturen auf dem Kanal wohl kaum zu erwarten, zumal die militärischen Fahrzeuge unserer Zeit bei weitem nicht die Abmessungen jener alten Schlachtschiffe erreichen, für die der Kanal ursprünglich ausgelegt war.

Bis heute entstanden in Holtenau, Rade und Brunsbüttel drei weitere Hochbrücken für den Straßenverkehr über den Kanal, eine zusätzliche ist zur Zeit in Holtenau als Ersatz für die alte Hochbrücke im Bau. Die technischen Anlagen werden laufend modernisiert, das Kanalbett angepaßt und gesichert. Das 1965 angelaufene Sicherungsprogramm wurde bis 1992 mit einem Kostenaufwand von 656 Millionen DM durchgeführt und ist fast abgeschlossen, so daß der Betrieb des Nord-Ostsee-Kanals bis weit ins nächste Jahrtausend gewährleistet ist.

Der alte Leuchtturm in Kiel-Holtenau mit seinem achteckigen Unterbau wurde 1895 errichtet und erinnert mit den drei Bronzereliefs in der Gedächtnishalle, die Kaiser Wilhelm I., Friedrich III. und Wilhelm II. darstellen, an die Einweihung des Kanals. Diese wurde über mehrere Tage in Anwesenheit Wilhelms II. mit großem Aufwand gefeiert. Improvisationstalent bewies dabei eine Musikkapelle in Rendsburg, die jedes ausländische Schiff bei der Einweihungsfahrt mit seiner Nationalhymne begrüßte. Als jedoch die türkische Yacht „Fuad“ Rendsburg passierte, fehlten die Noten der Hymne, woraufhin die Musiker kurzerhand „Guter Mond, du gehst so stille“ anstimmten.

Die Eisenbahnhochbrücke Rendsburg wurde bei der Kanalerweiterung von 1911 bis 1913 erbaut. Der Bahnhof der Stadt liegt nur etwa 600 Meter vom Kanal entfernt, und eine Verlegung kam nicht in Frage. So war es erforderlich, eine 4,5 Kilometer lange Schleife zwischen Bahnhof und Hochbrücke anzulegen, weil die Bahn lediglich sehr geringe Steigungen überwinden kann. Diese Methode zur Überwindung des Gefälleunterschieds wurde bis dahin im Flachland noch nicht angewandt. Der Bahnreisende muß sich heute nach der Abfahrt aus Rendsburg noch etwa fünf Minuten gedulden, bis er die Aussicht über den Kanal genießen kann.

Die beiden großen Pfeiler der Rendsburger Hochbrücke sind 15 Meter unter dem Kanalwasserspiegel gegründet. Sie bilden einen Teil der aufwendigen Stützkonstruktion für das rund 16700 Tonnen schwere und damit zu seiner Zeit größte Stahlbauwerk Europas – der Eiffelturm mit seinen 7175 Tonnen wiegt nicht einmal halb soviel. Die Baukosten betrugen 1913 rund 13,4 Millionen Mark. Auch das kleine Wartehäuschen für die Benutzer der Rendsburger Schwebefähre sieht noch genauso aus wie vor über 80 Jahren.

Der Blick über die Holtenauer Schleusenanlage offenbart die Größenunterschiede zwischen den nördlich gelegenen Alten Schleusen aus dem vorigen Jahrhundert und den neuen, kurz vor dem Ersten Weltkrieg gebauten Schleusenkammern (rechts im Bild). Die Alten Schleusen mit ihrer Kammerlänge von 125 Metern waren, obwohl zur Entstehungszeit als technisches Wunderwerk gefeiert, schon wenige Jahre nach ihrer Errichtung den Anforderungen der Schiffahrt nicht mehr gewachsen. Daher erbaute man bei der Kanalerweiterung die Neuen Schleusen, die mit einer Länge von 330 Metern bis heute den Verkehr bewältigen können.

In der internationalen Schifffahrt wird der Nord-Ostsee-Kanal Kiel-Canal genannt, eine Bezeichnung, die darin begründet liegt, daß im Funkverkehr das Englische üblich ist. Im deutschen Sprachgebrauch hingegen wird der Terminus Nord-Ostsee-Kanal verwendet. Beide Bezeichnungen kennzeichnen die geographische Lage der Wasserstraße und stehen für eine immer noch aktuelle technische Meisterleistung des vergangenen Jahrhunderts.

Der Nord-Ostsee-Kanal ist mit seinen großzügigen Abmessungen von Kanalbett und Schleusen sowie den modernen Anlagen zur Verkehrslenkung und -überwachung seiner Aufgabe gut gewachsen. Die technische Ausstattung ermöglicht unabhängig von der Witterung 365 Tage im Jahr einen Schiffsbetrieb rund um die Uhr bei gewährleisteter Sicherheit für Fahrzeuge, Besatzungen und Kanal.

Der Benutzer spart durch die Kanalpassage den Umweg über Skagen, was eine Verkürzung der Wegstrecke von ungefähr 250 Seemeilen bedeutet. Dem steht für den Reeder die von den Schiffsdaten abhängige Kanalbenutzungs- und die Lotsengebühr gegenüber. Diese Kostenabwägung ist maßgeblich für das Verkehrsaufkommen auf dem Kanal verantwortlich und beeinflußt auch die Gebührengestaltung seitens des Kanalbetreibers, der Wasser- und Schiffahrtsverwaltung des Bundesministeriums für Verkehr. Für diese ist der Nord-Ostsee-Kanal mit seinen Anlagen ein Zuschußgeschäft; die beim Bau im vorigen Jahrhundert angestrebte Kostendeckung läßt sich nicht annähernd erreichen. Bei der Gebührenfestlegung liegt das Hauptaugenmerk darauf, die Kanalpassage kostengünstiger als die Fahrt um Skagen herum zu gestalten, um so eine hohe Verkehrsdichte und die optimale Auslastung der Wasserstraße zu erreichen. Diese Überlegungen beeinflussen auch die Planung der Kanalinfrastruktur, da für den Kanal leistungsfähige und bedarfsorientierte Industrie- und Dienstleistungsunternehmen lebenswichtig sind.

Betrachtet man die Verkehrsentwicklung auf dem Nord-Ostsee-Kanal, so ist vom Ende des Zweiten Weltkriegs an eine stetige Zunahme der Schiffspassagen bis zu fast 85 000 im Jahr 1965 zu verzeichnen. Danach begannen die Verkehrszahlen zu sinken, um sich bis zum heutigen Tag wieder auf einen Wert von ungefähr 45 000 Passagen jährlich einzupendeln – ein Wert, der in ähnlicher Höhe auch schon vor dem Ersten Weltkrieg wie auch in den zwanziger und dreißiger Jahren erreicht worden war. Die transportierte Ladungsmenge bewegt sich dabei allerdings von den Sechzigern bis heute mit jährlich etwa 60 Millionen Tonnen auf einem fast konstanten Niveau. An diesen Zahlen läßt sich deutlich der Trend der letzten Jahrzehnte vom kleinen zum großen Schiff ablesen, eine Entwicklung, die sich jedoch aller Voraussicht nach nicht fortsetzen wird. Für die größten Schiffe ist die Kanalpassage ohnehin unwirtschaftlich, läßt doch die begrenzte Wassertiefe eine volle Ausnutzung der Ladekapazitäten nicht zu.

Der Kiel-Canal ist eine internationale Wasserstraße, deren Benutzung Schiffen jeglicher Nation gestattet ist und die auch von den verschiedensten Staaten genutzt wird. So befuhren 1993 Fahrzeuge aus 80 Nationen den Kanal, der größte Anteil unter deutscher Flagge. Gerade auf dem Kiel-Canal macht sich die Öffnung des Ostens deutlich bemerkbar, die dazu führte, daß die zweitstärkste Flagge die der GUS, der Gemeinschaft Unabhängiger Staaten, war.

Die wichtigsten Ziel- und Quellenländer für den Kanalverkehr sind die Häfen Finnlands, Schwedens, Dänemarks, Deutschlands und die der baltischen Republiken. Transportiert werden Güter aller Art, Stückgüter und Massengüter. Stückgut wird auch auf dem Kiel-Canal durch den Containertransport bestimmt; wichtige Massengüter sind beispielsweise Erdöl und -derivate, Eisen und Stahl sowie Holz, also typische Handelsgüter des Ostseeraums.

Um die 10 000 Passagen erfolgen jährlich im Teilstreckenverkehr zu einem der schleswig-holsteinischen Häfen längs des Kanals, eine Zahl, die die enorme Bedeutung dieser Wasser-

Die Werft HDW Nobiskrug am Rendsburger Obereiderhafen mit ihren umfangreichen Anlagen war lange Jahre im Neubaugeschäft tätig. Der Standort mitten in Schleswig-Holstein wurde erst möglich durch den Bau des Nord-Ostsee-Kanals, der es Schiffen jeglicher Größe erlaubt, die Dienste dieser Werft für Reparatur- und Instandsetzungsarbeiten in Anspruch zu nehmen.

straße für den regionalen Wirtschaftsraum verdeutlicht. Das Umland profitiert nicht nur von den Arbeitsplätzen im direkten Kanalbetrieb, sondern der Kanal hat auch die Ansiedlung von vielen Industrie- und Dienstleistungsunternehmen erst ermöglicht, die in einem sonst stark landwirtschaftlich geprägten Land wie Schleswig-Holstein von unschätzbarer Bedeutung sind.
Wurden eingangs Zahlen von 45 000 Passagen pro Jahr genannt, so berücksichtigen diese einen ganz wesentlichen Verkehrsanteil neben der Handelsschiffahrt noch nicht. Hier ist allerdings nicht die Nutzung durch Marinefahrzeuge gemeint, wie man eingedenk der Entstehungsgeschichte vermuten könnte; strategischen Nutzen hat der Kanal angesichts moderner luftgestützter Waffensysteme nicht mehr und hat ihn auch vorher entgegen allen Planungen niemals gehabt, da weder im Ersten noch im Zweiten Weltkrieg militärisch relevante Flottenbewegungen über den Kanal stattgefunden haben. Die Rede ist vielmehr vom Sportschiffahrtsverkehr mit seinen fast 20 000 Passagen jährlich, die das Verkehrsgeschehen auf der Wasserstraße gerade in den Sommermonaten erheblich beeinflussen.
Ist für die Berufsschiffahrt die Entscheidung zwischen der Fahrt um Skagen und der Kanalpassage eine Wirtschaftlichkeitsrechnung, so spielen für den Sportschiffer ganz andere Faktoren eine Rolle. Aus seiner Sicht sprechen in erster Linie die Zeitersparnis, die Urlaubszeit ist schließlich begrenzt, und Sicherheitsüberlegungen für die Kanalpassage. Diese ermöglicht Sportbooten innerhalb kurzer Zeit den gefahrlosen Wechsel von der Nord- in die Ostsee oder umgekehrt, Revieren mit sehr unterschiedlichen landschaftlichen und nautischen Reizen. Auch längs des Kanals und in den angrenzenden Gewässern gibt es interessante Erholungsgebiete zu entdecken. Die Kanalgebühren für ein Sportboot sind gering, und Lotsengebühren fallen nicht an. Der Wegfall der Lotsenpflicht für Sportboote ist allerdings mit der Beschränkung der Fahrerlaubnis auf die Tagesstunden verknüpft.
Die Auswirkungen dieser Freizeitschiffahrt werden an den Schleusen deutlich, wo die verkehrsreichsten Tage Samstag und Sonntag sind. Dies ist nicht zuletzt auch darauf zurückzuführen, daß Handelsschiffe das Wochenende gern für die Transitstrecke nutzen, um an den Wochentagen in den näheren Zielhäfen laden und löschen zu können.
In den Sommermonaten passieren täglich etwa 120 Berufsschiffe und 130 bis 150 Sportboote aller Art den Kanal. Vom kleinen Segelboot bis zum Schiff über 30 000 Bruttoregistertonnen ist hier jeder Schiffstyp zu finden, in der Ferienzeit zudem eine große Zahl von Kreuzfahrtschiffen, die den Kiel-Canal als besondere Attraktion in ihre Reisen einbinden.
Angesichts dieser Verkehrszahlen sind die Unfallquoten äußerst gering. 1993 wurden 77 Unfälle mit 102 beteiligten Fahrzeugen registriert, das sind weniger als 0,2 Prozent des gesamten Schiffsverkehrs. Ein großer Anteil dieser Unfälle entsteht durch technische Ausfälle von Maschinen oder Ruder und hier speziell im Schleusenbereich, wodurch es häufiger zu Kollisionen zwischen Schiff und Schleusentor kommt. Nur wenige Zwischenfälle allerdings sind so spektakulär wie jene Kollision zwischen Schiff und Eisenbahnbrücke, die den Bahnverkehr auf der betroffenen Strecke über einen längeren Zeitraum vollkommen zum Erliegen brachte. Lediglich zwei Sportbootunfälle waren 1993 zu verzeichnen, Personenschäden gab es keine. Diese Zahlen bewegen sich seit Jahren in ähnlichen Größenordnungen und machen die Gefahrlosigkeit dieser Wasserstraße für Sport- und Berufsschiffahrt deutlich, eine Sicherheit, die um ein Vielfaches höher ist als auf der Straße.
Der Kiel-Canal als meistbefahrene Seewasserstraße der Welt ist mit seinen modernen Anlagen und technischen Einrichtungen sowohl von der Berufs- als auch von der Sportschiffahrt angenommen. Er hat sich somit bis in die heutige Zeit als wichtige Verkehrsverbindung zwischen Nord- und Ostsee behaupten können, so daß Nutzer und Betreiber einem weiteren Jahrhundert Kaiser-Wilhelm-Kanal / Nord-Ostsee-Kanal / Kiel-Canal optimistisch entgegensehen können.

Trotz starker Automatisierung ist im Werftbetrieb immer noch Handarbeit notwendig. Gerade im Reparaturbereich versehen Schweißer und Schiffbauer ihre oft anstrengende Tätigkeit noch manuell.

Aber nicht nur dem Vaterlande und seinem Handel, seiner Schiffahrt und seiner Wehrkraft soll der Kanal förderlich sein. Indem wir ihn in den Dienst des Weltverkehrs stellen, eröffnen wir neidlos allen Seefahrt treibenden Völkern die Teilnahme an den Vorteilen, welche seine Benutzung gewährt. Möge er, ein Friedenswerk, allezeit nur dem Wettkampfe der Nationen um die Güter des Friedens dienstbar sein." Dieser Wunsch Kaiser Wilhelms II. anläßlich der Kanaleröffnung am 21. Juni 1895 sollte sich erfüllen: Heute nutzen Schiffe aus mehr als 80 Nationen den Nord-Ostsee-Kanal für den Transport von Gütern aller Art. Ein in Hongkong registriertes Schiff verläßt gerade die Schleuse Holtenau und tritt die Reise durch den Kanal an.

易 昇
TRADE COSMOS
HONG KONG

Die Ästhetik der Technik: Filigrane Masten der Hochspannungsleitung über den Kanal bei Rade leuchten vor dem dunklen Himmel. Perfektionierte Technik findet sich auch an Bord des kleinen Chemikalientankers, der farblich mit den Masten korrespondiert und der ruhigen Wald- und Wiesenlandschaft einen besonderen Reiz verleiht.

Gleich im ersten Paragraphen des „Gesetzes betreffend die Herstellung des Nord-Ostseekanals“ von 1886 heißt es: „Es wird ein für die Benutzung durch die deutsche Kriegsflotte geeigneter Seeschiffahrtskanal von der Elbmündung über Rendsburg nach der Kieler Bucht… hergestellt.“ Schon in der Kaiserzeit aber brachte der Kanal nicht die erhofften militärischen Vorteile, und heute präsentiert sich dem Betrachter – wie hier bei Breiholz – ein friedliches Bild, das von der Handels- oder in den Sommermonaten auch von der Sportschiffahrt geprägt ist.

FREIGHT
SERVICES
LIMITED
SUTTONS
BORE BRITANNICA

Ein typischer Nutzer des Kanals ist dieses RoRo-Schiff. RoRo ist die Abkürzung für „roll on – roll off" und kennzeichnet die Art der Be- und Entladung dieser Wasserfahrzeuge: Ähnlich wie bei Fähren wird die Ladung, beispielsweise Sattelschlepperauflieger, über Rampen an Bord des Schiffs gefahren. Fahrer und Zugmaschine verbleiben hier in der Regel an Land, da nur die Waren weitertransportiert werden sollen.

In der Schleuse Holtenau hat ein Matrose an Bord vom Festmacher auf dem Schleusendeck eine Wurfleine übernommen. Ist der Kontakt hergestellt, kann die dicke Trosse zum Vertäuen des Schiffs an das dünne Seil geknüpft und langsam an Land hinuntergefiert werden. Nun liegt das Schiff sicher, bis der Schleusungsvorgang beendet ist und es wieder auslaufen kann.

Die Sportschiffahrt hat mit ungefähr 20000 Passagen jährlich einen erheblichen Anteil am Kanalverkehr. Im Achterwehrer Schiff-fahrtskanal, der durch die im Hintergrund erkennbare Schleuse Strohbrück erreicht wird, macht sie nahezu 100 Prozent des Verkehrsaufkommens aus. Beide Schiffahrtswege sind landschaftlich reizvolle Reviere und für den Freizeitkapitän gefahrlos zu befahren.

KIEL
28
26

Dichtes Gedränge im Binnenhafen Holtenau: Die kleine Personenfähre zur Anbindung des Stadtteils Holtenau an Kiel quert dicht hinter dem Heck eines Frachters den Kanal. Im Hintergrund sieht man zwei Fahrzeuge der Kanalverwaltung, die zu Kontrollfahrten auf der vielbefahrenen Wasserstraße dienen.

Um einen guten Eindruck von der Passage durch den Nord-Ostsee-Kanal zu bekommen, begeben wir uns an Bord eines Frachtschiffs von gut 100 Meter Länge, das sich auf der Fahrt von Rotterdam nach Riga befindet und gelegentlich auch Passagiere auf die Reise mitnimmt.

Unser Schiff hat soeben Cuxhaven an der Elbmündung passiert und ist nun auf dem Weg nach Brunsbüttel. Die Funkanmeldung bei der Leitstelle an der Brunsbütteler Schleuse kündigt uns unbehindertes Einlaufen in eine Kammer der nördlich gelegenen Neuen Schleusen an. In Sichtweite wird dies durch grüne Lichtsignale an Vorhafen und Schleuseneinfahrt bestätigt. Wir laufen nun in die Kammer ein, und die Mannschaft übergibt dem Festmacherpersonal auf der Schleuse die Leinen zum ordnungsgemäßen Vertäuen des Schiffs während des Schleusungsvorgangs. Da der Umgang mit den schweren Leinen eine gefährliche Tätigkeit ist, kommen hier speziell ausgebildete Festmacher des Wasser- und Schiffahrtsamts zum Einsatz, die die Leinen an Land belegen. Die Arbeit mit den Tauen an Deck des Schiffs ist Aufgabe der Besatzung.

Während des Aufenthalts in der Schleuse muß das Schiff bei der Verkehrslenkung gemeldet werden, Papiere sind zu klarieren und Gebühren zu entrichten. Diese Aufgaben übernehmen in der Regel Makler, die ihre Büros auf dem Schleusengelände haben und den Reedereien ihre Dienste anbieten. Auch andere Dienstleistungen können hier in Anspruch genommen werden. Es gibt zum Beispiel Schiffsausrüster, die vom täglichen Bedarf an Lebensmitteln und Verbrauchsartikeln bis zum Ersatzkonzertflügel für ein Kreuzfahrtschiff alles an Bord liefern können.

Der Kanal ermöglicht auch großen Spezialfahrzeugen wie diesem Hebeponton den gefahrlosen Wechsel von der Nord- in die Ostsee. Gerade solche sehr teuren Schwimmkräne müssen regelmäßig ausgelastet sein, um Gewinn zu erzielen. Da sie aber in jedem Hafen nur selten gebraucht werden, müssen sie oft verschleppt werden.

Da der Makler schon vorgearbeitet hatte, sind an Bord nur noch einige Unterschriften zu leisten, und die Meldung ist vollzogen. Unser Schiff wird aufgrund seiner Größe in die Verkehrsgruppe 3 eingeteilt und ist verpflichtet, einen Lotsen und zwei Kanalsteurer an Bord zu nehmen. Der Lotse berät die Schiffsführung bei der Kanalpassage, während die Kanalsteurer das Ruder übernehmen. Alle Passanten werden von der Verkehrslenkung einer Verkehrsgruppe zugeteilt; es gibt die Kategorien 1 bis 6. Die Verkehrslenkung Brunsbüttel führt die Schiffe auf ihrer Reise von der Elbe bis zur Kanalmitte, dort werden sie an die Verkehrslenkung Holtenau übergeben. In speziellen Verkehrsdiagrammen wird der Weg jedes Schiffs eingetragen und so das Geschehen auf dem Kanal kontrolliert und gesteuert.

Nachdem noch zwei weitere Schiffe in der Schleuse festgemacht haben, sehen wir, wie sich das große Schiebetor hinter uns schließt. Nun erfolgt der Ausgleich des Wasserstands bis auf Kanalniveau. Wir sind bei Ebbe eingelaufen und müssen nun mehrere Meter angehoben werden. Nach einiger Zeit ist der Ausgleich erfolgt, und das landseitige Schiebetor öffnet sich langsam. Die Festmacher auf der Schleuse lösen die Leinen an Land, und wir nehmen wieder Fahrt auf, um die Reise fortzusetzen. Das Ruder hat nun einer der beiden Kanalsteurer übernommen. Im weiteren Fahrtverlauf wird er sich mit seinem Kollegen mindestens alle zwei Stunden abwechseln, da das Steuern auf dieser dichtbefahrenen Wasserstraße höchste Konzentration erfordert.

Direkt hinter der Schleuse, noch im Binnenhafen, kreuzen wir die Wagenfährlinie Brunsbüttel. Hier überqueren verwaltungseigene Fähren im Pendelverkehr den Kanal. Zwölf weitere Wagenfährstellen werden wir im Verlauf der Reise bis Holtenau noch passieren, alle betrieben von der Kanalverwaltung, die beim Kanalbau verpflichtet wurde, alle durchschnittenen Landverbindungen für den Benutzer kostenlos wiederherzustellen.

Wir nehmen Fahrt auf und gleiten bald mit der erlaubten Höchstgeschwindigkeit von 15 km/h durch das ruhige Wasser. Kurz hinter Brunsbüttel liegt an Steuerbord – auf der rechten Seite in Fahrtrichtung gesehen – eine Raffinerieanlage und chemische

Fabrik mit Anlegern für Tanker und Spezialschiffe. Wir queren nun eine Niederung bis etwa Kilometer 20, in der der Wasserspiegel des Kanals höher als das umliegende Gelände ist und mit Dämmen gehalten wird. Von der Brücke unseres Schiffs können wir weit über die sattgrünen Flächen der Marsch blicken, die von zahlreichen glitzernden Gräben durchzogen ist.

Nach Passieren der Fährstellen Ostermoor und Kudensee sowie der Hochbrücke Brunsbüttel erreichen wir bei Kudensee die erste Weiche. Entlang des Kanals gibt es zwölf Weichen, in denen sich größere Schiffe begegnen können. Die halbstündige Lagemeldung der Verkehrslenkung warnt uns vor einem großen Entgegenkommer, und wir müssen in die Weiche gehen. Vor- und Hauptsignale der Weiche Kudensee sind entsprechend geschaltet, und wir warten ein großes Kreuzfahrtschiff ab. Auf dem Kanal ist nur die Begegnung von Schiffen zulässig, deren Verkehrsgruppen in ihrer Summe die Kategorie 6 nicht überschreiten. Zwei Schiffe mit Verkehrsgruppe 3 zum Beispiel dürfen sich also auf der Strecke begegnen. Kommt uns hingegen ein Schiff mit Verkehrsgruppe 4 oder einer höheren Klasse entgegen, müssen wir oder der Entgegenkommer, abhängig vom weiteren Verkehr, in einer Weiche die Begegnung abwarten. An jeder Weiche gibt es eine Station mit einem Beamten, der die Signale nach Anweisung der Verkehrslenkung schaltet und den Schiffen über Lautsprecher Anweisungen und Informationen übermitteln kann. Außerdem meldet der Weichenbeamte die Schiffe jeweils an die nächste Weiche weiter, führt Protokoll über das Verkehrsgeschehen und informiert die Verkehrslenkung, die auch die Fahrtgeschwindigkeit der Schiffe überwacht. Geschwindigkeitsübertretungen werden peinlich verfolgt und teuer geahndet, da sie die Verkehrssicherheit und den Kanal mit seinen Anlagen gefährden.

In den Weichen sind parallel zur Fahrtrichtung lange Reihen von Dalben gerammt, an denen die Schiffe festmachen und die Begegnung abwarten können. Nach dem Krieg gab es Versuche, die Dalben aus Stahlrohren zu setzen, aber diese verursachten Probleme in der Unterhaltung und waren auch bei den Kanalnutzern nicht beliebt, da sie schnell den Anstrich beschädigen konnten. Inzwischen werden wieder traditionelle Holzdalben verwendet. Eine Dalbe besteht aus einem Bündel schräg nach innen geneigter Holzpfähle, die von speziellen Rammen in den Kanalboden getrieben und dann am Kopf zusammengefaßt werden. Kleinfahrzeuge und Sportboote warten landseitig hinter den Dalben, größere Schiffe kanalseitig am Fahrwasser. Die Sportboote müssen aber nur selten warten, meist gewährt man ihnen aufgrund ihrer geringen Schiffsgröße freie Durchfahrt. Die Weichensignale zeigen mit ihren roten, weißen und grünen Lampen genau an, Schiffe welcher Verkehrsgruppen weiterfahren dürfen oder aufstoppen müssen.

Das Kreuzfahrtschiff ist vorbei, und wir können die Reise gen Osten fortsetzen. Das nächste größere Bauwerk ist die Hochbrücke Hochdonn, eine alte Eisenbahnbrücke aus dem ersten Bauabschnitt, über die die Westküstenbahn mit ihrem Verkehr nach Sylt verläuft. Auch eine Pkw-Fähre versieht hier ihren Dienst. Bei der nun folgenden Autobahnhochbrücke Hohenhörn, einem Bauwerk neuerer Zeit, hat sich das Landschaftsbild verändert: Der Kanal quert hier die Geest. Rechts und links des Ufers erheben sich sanfte Hügel, die Dammstrecke liegt hinter uns, und natürliche Abdämmungen trennen die Wasserstraße vom Umland. Die Hochbrücke Grünenthal nutzt die Hügel als Rampen, an dieser Stelle überspannt schon seit langer Zeit eine Brücke das Fahrwasser. Die Weiche und Fähre Fischerhütte befinden sich wenige Kilometer weiter am Ende der Geestquerung.

Der Kanal verläuft jetzt wieder in einer Niederung, nun allerdings nicht mehr in den Elb-, sondern den Eidermarschen. Die Eider, Schleswig-Holsteins längster Fluß, diente früher als Schiffsweg zur Nordsee, er wird heute allerdings nur noch von Sportbooten genutzt. An der Fährstelle Fischerhütte verkehrte die letzte Kettenfähre des Kanals, bei der eine stählerne Kette als Führung auf dem Kanalgrund lag; heutzutage sehen wir aber auch hier eine moderne freifahrende Fähre. Fünf Kilometer später zweigt der Gieselau-Kanal Richtung Norden ab, ein knapp drei Kilometer langer Stichkanal mit einer kleinen Schleuse, der den Nord-Ostsee-Kanal mit der Eider verbindet und von Sportbooten im Sommer rege genutzt wird. Auch hier passieren wir wieder eine Weiche und eine Fährstelle.

Bei Breiholz kommt die alte Lotsenstation Nübbel ins Blickfeld. Unser Lotse macht sich bereit, von Bord zu gehen und die Lotsenberatung für die weitere Strecke bis Holtenau an einen Kollegen zu übergeben. Der Wechsel erfolgt mit kleinen, speziell für diesen Zweck entworfenen Versetzbooten, die längsseits unseres weiterfahrenden Schiffs gehen. Über die ausgehängte Leiter erfolgt nun der Wechsel. Unser erster Lotse wird in der Station auf ein Schiff Richtung Westen warten, um nach einer Erholungspause wieder bis Brunsbüttel seinen Dienst zu verrichten. Die Kanalsteu-

Der Lotsenwechsel auf halber Kanalstrecke erfolgt durch kleine, speziell zu diesem Zweck entworfene Lotsenboote wie die 1994 in Dienst gestellte „Breiholz". Diese Boote werden den Lotsen von der Verwaltung zur Verfügung gestellt. Die Lotsen sind in Bruderschaften organisiert und arbeiten auf eigene Rechnung.

rer hingegen bleiben bis Holtenau an Bord, da sie sich während der Fahrt regelmäßig abwechseln. 1995 wird die alte Lotsenstation Nübbel geschlossen, und die Lotsen ziehen in eine moderne, neue Anlage an der Südseite des Kanals bei Rüsterbergen um.

Die alte Windmühle Nübbels, in der sich ein kleines Heimatmuseum befindet, zieht in der flachen Marschlandschaft schon von weitem die Blicke auf sich. Nördlich – parallel zum Nord-Ostsee-Kanal – fließt hier die Eider, nur durch einen wenige 100 Meter breiten Damm getrennt, auf dem eine Straße verläuft. Auf der Eider verkehren Sportboote jeder Größe, zwei Paddler in einem Kanu winken uns zu. Im weiteren Verlauf wendet sich der Kanal in einem Bogen gen Süden und erreicht das Rendsburger Stadtgebiet. In der Ferne kommt die Eisenbahnhochbrücke in Sicht. Rechts und links des Kanals stehen hier überwiegend Wohnhäuser, deren Bewohner die schöne Aussicht auf den Kanal genießen. Bald beginnt an der Nordseite der Wasserstraße ein Industriegebiet. Der Rendsburger Kreishafen mit seinen Umschlageinrichtungen und Liegestellen bestimmt das Bild. Er ist neben Brunsbüttel und Holtenau der einzige bedeutende Hafen des Kanals und gleichzeitig einer der umschlagstärksten Häfen in Schleswig-Holstein. Hauptsächliche Güter sind hier Holz, Getreide und Futtermittel, typische Massengüter. Ein kleiner Frachter wird gerade beladen, und trotz moderner Umschlaganlagen sieht man eine deutliche Getreidestaubwolke aufsteigen und sich über den Frachter und seine Mannschaft legen.

Zwei wesentliche Bauwerke des Kanals haben wir soeben passiert, ohne sie zu bemerken: den vierspurigen Fahrzeugtunnel der B 77 und den 1 279 Meter langen Fußgängertunnel, der den Verkehr per pedes zwischen Rendsburg und den südlichen Gemeinden Wester- und Osterrönfeld

ermöglicht. Die Fußgänger werden auf langen Rolltreppen unter den Kanal gefahren, durchschreiten den Tunnel zu Fuß und fahren dann wieder aufwärts. So eine Fahrt auf der längsten Rolltreppe Westeuropas dauert etwa zwei Minuten. Für Radfahrer, Personen mit Kinderwagen und Rollstuhlfahrer wurde ein Aufzug installiert.

Während wir auf die Rendsburger Hochbrücke zufahren, überquert gerade ein Intercity Richtung Dänemark das mächtige Bauwerk, welches das Stadtbild prägt. Auch ein weiteres Verkehrsmittel überwindet hier den Kanal: die einzigartige Schwebefähre, die an Seilen unter der Hochbrücke hängt und Autos, Radfahrer und Fußgänger transportiert. Wenig später sieht man auf der Nordseite ein Werftgelände: Vor der Schiffbauhalle steht eine der Kanalfähren an Land und wird gerade von Bewuchs, Algen und Muscheln befreit. Die ehemalige Saatsee-Werft ist immer noch die zentrale Instandsetzungswerft für Fähren, Dienst- und Spezialfahrzeuge der Wasser- und Schiffahrtsverwaltung. Heute heißt sie Bauhof Rendsburg. Im Werfthafen sieht man die „Max Waldeck" liegen, einen verwaltungseigenen Eisbrecher für Kanal und Ostsee, der hier in Bereitschaft für den Eiseinsatz gehalten wird.

Eine weitere Kanalquerung, eine Fährstelle mit zwei parallelen Fähren, folgt kurze Zeit später. Dahinter zweigt ein Wasserarm nach Norden in die Stadt ab, die Obereider. An ihr liegen eine private Werft, HDW Nobiskrug, und weiter stadteinwärts mehrere Sportboothäfen. Sportboote können aufgrund ihrer geringeren Geschwindigkeit und des Nachtfahrverbots den Kanal häufig nicht an einem Tag passieren und finden hier gute Liegeplätze mit Einkaufs- und Tankmöglichkeiten. Wir gelangen jetzt in den Audorfer See, eines der natürlichen Gewässer im Verlauf des Nord-Ostsee-Kanals. An der Südseite liegt ein weiteres Weichendienstgebäude und daran anschließend die zweite private Werft am Kanal, die Kröger-Werft.

Die Autobahnhochbrücke der A 7 überwindet hier den Kanal und wird durch einen Mittelpfeiler auf der Rader Insel abgestützt, einem natürlichen Eiland im Kanalverlauf, hinter dem die Borgstedter Enge liegt. Auch den anschließenden Schirnauer See hat die Natur geschaffen. Hier kennzeichnen Tonnen das Fahrwasser, eine Seltenheit auf dem Nord-Ostsee-Kanal.

Von der Brücke unseres Schiffs sehen wir Netze und ein kleines Fischerboot auf dem Weg zu einem der Stellnetze. Der Rader Fischer ist der einzige Berufsfischer am Kanal; seine Fischereirechte gehen noch auf die Zeit vor dem Bau dieser Wasserstraße zurück. Angler frönen ihrem Hobby überall entlang des Kanals. Er ist ein recht fischreiches Gewässer mit einer besonderen Attraktion: Zur Heringszeit im Frühjahr wandern ganze Schwärme dieser Fische zum Laichen von der Ostsee bis kurz jenseits von Rendsburg den Kanal hoch.

Die Landschaft bietet nun wieder ein verändertes Bild: Wir sind jetzt in der Holsteiner Hügellandschaft mit ihren Wäldern und Seen. Einer von ihnen ist durch einen kleinen Fluß mit dem Kanal verbunden: der Wittensee. Die Schirnau mündet in den Schirnauer See; sie ist nur mit sehr kleinen Booten wie Paddel- und Ruderbooten befahrbar. Die nächste Fähre in Sehestedt verbindet die nördlichen und südlichen Teile des alten Ortes miteinander und liegt in landschaftlich reizvoller Gegend. Die Kirche aus

Die Arbeit der Fischer am Schirnauer See kann von kleinen, offenen Arbeitsbooten aus erfolgen, da der Kanal als geschütztes Binnengewässer risikolos zu befahren ist. Beachtet werden muß nur der starke Schiffsverkehr. Das Einholen der Netze geschieht von Hand, da nur wenige und kleine Netze benutzt werden.

dem 13. Jahrhundert mit spätromanischem Feldsteinschiff ragt links von uns empor. Südlich dieser Passage findet man noch Fragmente des Alten Eiderkanals, zum Beispiel die alte Schleuse bei Klein-Königsförde. Königsförde heißt auch die nächste Weiche, die wir ohne Stopp passieren können.

In der folgenden Weiche Groß Nordsee zweigen zwei Schiffahrtswege südlich ab: der Flemhuder See und der Achterwehrer Schiffahrtskanal. Beide Wege sind aber nur für Sportboote und sehr kleine Schiffe zugänglich. Zunächst fällt unser Blick durch die schmale Zufahrt auf die idyllische Wasserfläche des Flemhuder Sees mit seinen breiten Schilfgürteln. Der Achterwehrer Schiffahrtskanal wird durch die Schleuse Strohbrück vom Nord-Ostsee-Kanal getrennt, eine Schleuse, die noch mittels alter Technik und weitgehend im Handbetrieb von einem Schleusenbeamten bedient wird. Dieser kleine Kanal wird aufgrund alter Schiffahrtsrechte des Ortes Achterwehr aufrechterhalten, aber nur von Freizeitkapitänen genutzt. Er endet im Westensee, einem buchtenreichen Gewässer von besonderer Schönheit, das mitten im gleichnamigen Naturpark vor den Toren Kiels liegt.

Nach sieben Kilometern befinden wir uns in der Weiche Schwartenbek und müssen erneut aufstoppen, um ein großes Frachtschiff vorbeizulassen. Wir nehmen wieder Fahrt auf und passieren die Levensauer Hochbrücke mit ihrem Nebeneinander von alter Eisenbahn- und neuer Straßenüberführung. Nördlich der letzten Kurve vor Holtenau liegt, etwas erhöht und von Wald umgeben, der Herrensitz Knoop. Unmittelbar dahinter verlief früher der Alte Eiderkanal; die Schleuse Rathmannsdorf ist noch erhalten und erinnert an diesen Vorgänger des Nord-Ostsee-Kanals.

Die Schleuse Holtenau liegt jetzt in Sichtweite. Davor sieht man noch die Holtenauer Hochbrücke und die Baustelle des neuen Brückenbauwerks, das 1996 in Betrieb genommen werden soll. Am Südufer des Kanals befindet sich der Holtenauer Binnenhafen mit seinen Umschlaganlagen. Auch einen kleinen Ölhafen gibt es hier. Über Funk wurde uns eine offene Schleuse angekündigt, und alle Signale bestätigen freie Fahrt, als wir in Sichtweite kommen. Kurz vor der Schleuse passieren wir die letzte Fähre, diesmal ein reines Personenschiff, das Kiel mit dem nördlich gelegenen Stadtteil Holtenau verbindet. Die kleine Fähre wird als einzige entlang des Kanals privat betrieben.

Die Lichtsignalanlagen weisen uns in eine Kammer der Neuen Schleusen ein; diese bewältigen im Regelfall den gesamten Verkehr. Nur bei Instandsetzung der Schleusenanlagen wird dieser durch die nördlich gelegenen Alten Schleusen geleitet. Im Sommer werden sie allerdings auch für die Schleusung des hohen Sportbootaufkommens genutzt. Nach dem Einlaufen übergeben wir die Leinen an die bereitstehenden Festmacher. Es liegen bereits drei weitere Schiffe in der Schleuse, und nachdem unser Frachter ordentlich vertäut ist, schließt sich hinter uns das kanalseitige mächtige Schiebetor. Während des ungefähr eine Stunde dauernden Schleusungsvorgangs verlassen Lotse und Kanalsteurer das Schiff, und der vom Kapitän angeforderte Lotse für die Kieler Förde kommt an Bord. Er wird den Kapitän und seine Offiziere bis zum Leuchtturm Kiel beraten, ab dort sind sie wieder auf sich gestellt. Zwischenzeitlich hat die Mannschaft Wasserschläuche auf der Schleuse angeschlossen und füllt unsere Trinkwasservorräte auf. Auch hier gibt es Makler, Zollbüro und Ausrüstungsfirmen auf dem Schleusengelände, so daß vor der Weiterreise noch einmal alles Wichtige erledigt werden kann. Auch ein Seemannsfrauenheim, in dem die Frauen der Seeleute die Ankunft ihrer Männer abwarten können, und ein Seemannsamt gibt es hier.

Wir verlassen nun unser Schiff, das nach dem Wasserstandsausgleich in der Schleusenanlage freie Ausfahrt signalisiert bekommt, und gehen an Land. Hier kann man die Gelegenheit nutzen und die Schleuse besichtigen. Eine Besucherplattform gewährt einen guten Überblick über die Anlagen und das Verkehrsgeschehen.

Die Kanalfahrt von Schleuse zu Schleuse dauerte ungefähr siebeneinhalb Stunden, schließlich mußten wir an zwei Weichen stoppen und konnten die theoretische Durchfahrtszeit von sechseinhalb Stunden für die 98,6 Kilometer lange Strecke deshalb nicht einhalten. Große Schiffe der Verkehrsgruppe 6 oder der Verkehrsgruppen 4 und 5 mit einem Tiefgang von mehr als 8,5 Metern benötigen allerdings immer mindestens acht Stunden, da ihre maximale Höchstgeschwindigkeit auf dem Kanal nur 12 km/h beträgt.

Wir haben eine interessante Fahrt erlebt und einen guten Eindruck von der bekannten Wasserstraße mit ihren abwechslungsreichen Landschaften erhalten.

Im Sommer herrscht auf dem Nord-Ostsee-Kanal starker internationaler Sportbootverkehr, so daß es an den Schleusen schon einmal zu Wartezeiten kommen kann. Bei starkem Andrang werden die Alten Schleusen für diese Boote zusätzlich in Betrieb genommen.

Vom Pinsel über Arbeitshandschuhe und Wollmützen bis hin zu Lebensmitteln und Alkoholika ist beim Schiffsausrüster an der Schleusenanlage alles erhältlich. Auch wenn es das Bild nicht vermuten läßt, betreiben die Ausrüster zumeist riesige Lagerräume, die auch große Mengen zollfreier Waren enthalten.

Lichterglanz in der Schleusenanlage Brunsbüttel: Auch hier gibt es, wie in Holtenau, zwei kleinere Schleusenkammern aus dem vorigen Jahrhundert sowie die großen Neuen Schleusen, bei deren termingerechter Einweihung im Juni 1914 Kaiser Wilhelm II. dem Geheimen Baurat Meier drei Flaschen Sekt ausgeben mußte. Er hatte im Vorjahr mit ihm gewettet, die Schleusen würden nicht zum geplanten Einweihungstermin fertig sein. Während der Bau einer Schleusenanlage in Brunsbüttel aufgrund des Tidenhubs der Elbe unvermeidbar war, hatte es bei den Planungen zum Kanalbau ausgiebige Diskussionen um die Notwendigkeit einer Schleuse in Holtenau gegeben, da die Ostsee kein Tidegebiet ist. Untersuchungen zeigten aber, daß der Wasserspiegel der Ostsee durch Windstau auch in diesem Bereich erheblich schwanken kann, und so präsentieren sich dem heutigen Schiffsreisenden an beiden Enden des Kanals große Schleusenanlagen.

In der flachen Landschaft der Elbmarschen überspannt die Kanalhochbrücke Brunsbüttel den Nord-Ostsee-Kanal. Die Straßenbrücke ist eine der modernsten entlang des Kanals: Sie wurde von 1979 bis 1983 errichtet. Dieser Landstrich bereitete übrigens den Erbauern der künstlichen Wasserstraße erhebliche Probleme, da der Wasserspiegel mit Hilfe von Dämmen höher als das umliegende Gelände gehalten werden mußte. Die Dammbauwerke rutschten immer wieder ab, und heute noch sind ständige Kontroll- und Instandsetzungsmaßnahmen erforderlich.

Ein Frachter passiert bei Kanalkilometer 31 die Hochbrücke Grünenthal. Für ein Schiff dieser Größe dauert die Reise von Schleuse zu Schleuse ungefähr sechseinhalb Stunden. Auf dem Kanal beträgt die zugelassene Höchstgeschwindigkeit mit Ausnahme besonders großer oder tiefgehender Schiffe 15 km/h. Diese offizielle Angabe wird nicht, wie sonst in der Schiffahrt üblich, in Knoten (sm/h) angegeben, da der Kanal durch das Binnenland führt und man hier die üblichen dezimalen Geschwindigkeitseinheiten verwendet.

Von den gut ausgebauten Betriebswegen der Kanalverwaltung, die Spaziergängern über weite Strecken entlang des Kanals zur Verfügung stehen, kann man bei einem geruhsamen Bummel den Schiffsverkehr beobachten. Der Frachter, der soeben die Hochbrücke Grünenthal (Abbildung S. 52/53) passiert hat, ist mittlerweile auf seinem Weg durch den ersten Geestrücken der Schleuse Holtenau ein Stück nähergekommen. Auch Radfahrer dürfen diese Betriebswege benutzen, und eine besonders schöne Art, den Kanal und die schleswig-holsteinische Landschaft kennenzulernen, ist eine Radtour von Brunsbüttel nach Kiel. Höhenunterschiede sind dabei nicht zu überwinden, und nur ein kräftiger Wind aus falscher Richtung kann das Vergnügen beeinträchtigen.

Royal Cruise Line
GALA

Häufige Gäste auf dem Kanal sind besonders während der Sommermonate Kreuzfahrtschiffe aller Nationen. Sie sind ein wahrer Publikumsmagnet und werden sogar in den regionalen Tageszeitungen und über einen telefonischen Servicedienst mit Datum und voraussichtlicher Uhrzeit ihrer Passage an markanten Punkten angekündigt. Da kann es schon einmal passieren, daß die aus diesem Anlaß immer zahlreich am Ufer Versammelten einige Stunden auf den ersehnten Augenblick warten müssen. Doch wer erlebt hat, wie sich eines der riesigen, strahlendweißen Schiffe durch den Kanal schiebt, wird die Wartezeit nicht bereuen. Hier bei Fischerhütte ist der Anblick besonders reizvoll: Hinter der alten Badestelle scheint sich der Cruiser seinen Weg durch die Wiesen zu bahnen.

KODEN

Auf halber Kanalstrecke, bei Nübbel, geht der erste Lotse von Bord, und ein Kollege übernimmt die weitere Beratung bis zur Schleuse. Dieser Wechsel erfolgt mit kleinen Lotsenversetzbooten, die an das fahrende Schiff herangehen und mit gleichbleibender Geschwindigkeit direkt an der Bordwand Position halten. Jetzt können die Lotsen gefahrlos die bereits aushängende Lotsenleiter erklimmen.

Angler sieht man entlang des ganzen Kanals ihrem Hobby nachgehen. Als stehendes Gewässer gleicht er einem großen See und beinhaltet eine Menge verschiedener Fischarten, die sich vom starken Schiffsverkehr nicht stören lassen. Die Kanalverwaltung als Inhaberin der Fischereirechte vergibt die Angelscheine gegen eine geringe Gebühr an jeden Interessierten. Er muß sich nur verpflichten, Art und Menge der gefangenen Fische einmal im Jahr zu melden.

TRAVESTERN
LEER

Eine besondere Variante der Kanalüberquerung bietet die Rendsburger Schwebefähre, die an Drahtseilen unter der Eisenbahnhochbrücke hängend über dem Wasser verkehrt. Die Kräne hinter der Brücke stehen im Rendsburger Kreishafen, einem der umschlagstärksten Häfen Schleswig-Holsteins. Im Vordergrund sieht man den Eisbrecher „Max Waldeck“, der hier für den eventuellen Einsatz in der Ostsee in Bereitschaft gehalten wird. Auf dem Kanal ist sein Einsatz kaum noch erforderlich, da viele große, moderne Frachtschiffe des Ostseeraums selbst Eisbrechereigenschaften haben und somit bei ihrer Passage die Strecke befahrbar halten.

An der Fährstelle Nobiskrug in Rendsburg verkehren zwei 45-t-Fähren parallel. Die Schiffe pendeln ohne festen Fahrplan nach Bedarf von Ufer zu Ufer und bewältigen den Auto- und Personenverkehr weitgehend problemlos. Dadurch ist die Überfahrt eher ein Vergnügen als ein Hindernis. Daß sie nicht immer so gefahrlos verlief wie heute, belegen die Lebenserinnerungen der Pastorenwitwe Charitas Bischoff: Nach nur drei Jahren auf der ersehnten Pastorenstelle in Rendsburg muß ihr Mann an einem kalten Januartag Ende des vorigen Jahrhunderts zu einer Beerdigung auf der anderen Kanalseite. Als jedoch der Wagen auf die Fähre rollt, scheuen die Pferde, durchbrechen die Absperrkette und reißen alles, auch den Ehemann, mit in die Tiefe.

D
RD-M 624

Die Schleuse Strohbrück verbindet den Achterwehrer Schifffahrtskanal mit dem Nord-Ostsee-Kanal und wird während der Saison von Sportbooten genutzt. Die kleine Wasserstraße wurde beim Bau des „großen“ Kanals neu angelegt. Das war erforderlich, da der Wasserspiegel des Flemhuder Sees um sieben Meter abgesenkt werden und man der bis dahin durch diesen See fließenden Eider ein neues Bett geben mußte. Über ein Wehr mit einem kleinen Kraftwerk neben der Schleuse ergießt sie sich heute in den Nord-Ostsee-Kanal.

Die Weiche Groß-Nordsee hat ihren Namen von dem gleichnamigen nahegelegenen Dorf. Mit der Nordsee hat diese Bezeichnung allerdings nichts zu tun, vielmehr ist sie auf ein altes Adelsgeschlecht „von Norce“ zurückzuführen, das im 13. Jahrhundert Landbesitzer im Kirchspiel Nortorf war. Die Weiche ist ein verbreiterter Kanalabschnitt, wo Schiffe an den hier deutlich zu erkennenden langen Dalbenreihen in bestimmten Verkehrssituationen den Gegenverkehr abwarten müssen. Der kleine, südliche gelegene Flemhuder See ist ein reines Sportbootrevier.

Die Bewohner der am Holtenauer Kanalufer gelegenen Häuser können von ihrem erhöhten Standort aus den schönen Blick auf die Schleusen und die Kieler Förde genießen. Eine besondere Attraktion dieser Ostseebucht sind die Segelsportveranstaltungen anläßlich der Kieler Woche, die regelmäßig Scharen von Besuchern anlocken. Die Platanen an einem Teil der Kanaluferstraße sollen ein Geschenk des japanischen Kaisers anläßlich der Kanaleinweihung gewesen sein und bilden die nördlichste Platanenallee Europas. Eine kleine Personenfähre pendelt von hier aus zum südlichen Ufer.

Der Nord-Ostsee-Kanal ist an seinem westlichen und östlichen Ende mit Schleusenbauwerken von angrenzenden Gewässern abgetrennt. Am Beispiel der Holtenauer Schleusenanlage soll hier die Technik dieser Bauten erläutert werden.

In Holtenau gibt es zwei Doppelschleusen mit je zwei Kammern: nördlich die Alte und südlich die Neue Schleuse. Die alte Anlage entstand im ersten Bauabschnitt Ende des vorigen, die neue Anlage bei der Kanalerweiterung zu Beginn dieses Jahrhunderts.

Eine Schleuse dient der Schiffahrt zur Überwindung eines Höhenunterschieds im Verlauf künstlicher Wasserstraßen. Die Nord-Ostsee-Kanal-Schleusen sollen die Überwindung wechselnder Höhendifferenzen zwischen dem gleichbleibenden Wasserspiegel des Kanals und dem der Elbe mit ihrem Tidenhub bzw. der Ostsee ermöglichen. Hierzu muß das Bauwerk feste seitliche Einfassungen, an jedem Ende bewegliche Tore und Möglichkeiten des Wasseraustauschs besitzen. Ein wesentliches Charakteristikum von Schleusen ist die Art der Verschlußtore. In Holtenau findet man zwei verschiedene Bauweisen: Stemmtore an der Alten und Schiebetore an der Neuen Schleuse.

Stemmtore sind in der Mitte geteilte Tore, die über Zahnstangen von der Schleusenwand bis in die Kammermitte geklappt werden können, wo sie zusammenstoßen und die Kammer verschließen. Um dem Wasserdruck standzuhalten, bilden sie im geschlossenen Zustand keine gerade Linie, sondern einen flachen Winkel mit der Spitze zur Seite des größeren Wasserdrucks. Diese Technik ist schon sehr alt und wurde bereits bei den ersten bekannten Schiffahrtsschleusen angewendet.

Die Schiebetore der Neuen Schleuse hingegen bestehen aus einem großen ununterbrochenen Tor, das aus einer langen Kammer neben der Schleusenkammer quer durch diese hindurch bis an die gegenüberliegende Wand gefahren wird. Da solch ein Tor dem Wasserdruck ungünstiger als ein Stemmtor ausgesetzt ist, muß es erheblich massiver gefertigt sein. Die Schiebetore mit ihrem Gewicht von ungefähr 1 500 Tonnen laufen über Schienen auf dem Boden der Schleusenkammer und werden über Zahnstangen von Elektromotoren angetrieben. Früher erfolgte der Antrieb dieser Tore mittels einer Wasserhydraulik, eine Technik, die der modernen Elektrotechnik weichen mußte.

Gibt es bei der Alten Schleuse nur zwei Tore an jeder Kammer, sind es bei der Neuen Schleuse drei. Man wollte, um die Schleusungsdauer bei wenig Verkehr zu verkürzen, nur die halbe Kammer nutzen, und setzte in der Mitte noch ein weiteres Tor ein. Dieses Mitteltor ist gleichzeitig Reservetor für Havarien und kann aus der Mittelposition demontiert und an Stelle des beschädigten Außentors montiert werden.

Der Wasserausgleich beim Schleusungsvorgang erfolgt über Kanäle innerhalb des Bauwerks. Durch Öffnungen an den Seitenwänden in Bodennähe strömt das Wasser hinein oder heraus. Die Öffnungen sind gleichmäßig verteilt, so daß in der Kammer möglichst keine Strömung entsteht, die die Schiffe gefährdet.

Am Steuerstand der Schleuse werden die Befehle für zum Beispiel einen Schleusungsvorgang Kanal–See vom Schleusenbeamten in folgender Reihenfolge gegeben: Einfahrt der Schiffe – kanalseitiges Tor schließen – Wasserausgleich mit dem Niveau der Ostsee herstellen – Gleichstand der Pegel abwarten – seeseitiges Tor öffnen – Ausfahrt der Schiffe. Was sich so einfach anhört, wird von einer aufwendigen Steuerungs-, Regelungs- und Überwachungstechnik koordiniert. Bei einer Anlage dieser Größenordnung ist auch technisches Wartungspersonal ständig im Einsatz, um den Betrieb rund um die Uhr zu gewährleisten.

Diese 24stündige Einsatzbereitschaft wird auch von den Fähren des Querverkehrs über den Nord-Ostsee-Kanal erwartet. Hier gab es zuerst handgetriebene Seilfähren, die sich längs eines am Kanalboden liegenden Seils bewegten, später motorgetriebene Kettenfähren und heutzutage motorisierte freifahrende Fähren. Insgesamt werden auf dem Kanal 18 Fähren, aber nur zwei unterschiedliche Typen eingesetzt, alle gebaut von der ehemaligen Staatswerft Saatsee in Rendsburg. Es sind Typfähren zweier Größenkategorien: 15 Schiffe mit 45 Tonnen Tragfähigkeit und drei mit 100 Tonnen Tragfähigkeit. Die drei größeren Fahrzeuge werden in Brunsbüttel direkt an der Schleuse eingesetzt, die 15 kleineren an allen anderen Fährstellen am Kanal.

Das Konstruktionsprinzip ist bei allen Fahrzeugen gleich. Es handelt sich um flache, pontonähnliche Schiffskörper mit glattem Deck und ebenem Kiel, sowie identischem Bug und Heck. An einer Seite ragt ein Aufbau mit einem hochgesetzten Steuerstand auf, an der gegenüberliegenden Seite gibt es einen Fußgängerunterstand. Die freie Decksfläche ist als Fahrbahn ausgeführt, die beim kleinen Typ zwei-, beim großen dreispurig angelegt ist. Neben der Fahrbahn verläuft rechts und links ein schmaler, erhöhter Gehweg wie bei einer Straße an Land. An jedem Ende wird die Fahrbahn von einer Schranke begrenzt. Eine zweispurige Fähre kann acht Pkw oder eine entsprechend geringere Zahl an Lkw transportieren.

Angetrieben werden die 45-Tonnen-Fähren von zwei luftgekühlten Dieselmotoren mit je 88 kW, die ihre Kraft auf je einen Voith-Schneider-Propeller, den sogenannten VS-Propeller, übertragen. Das sind spezielle, senkrecht unter dem Schiffsboden herausragende Antriebseinheiten mit jeweils vier freibeweglichen Flügeln. Durch die Anordnung von einer Anlage an jedem Schiffsende können die Fähren optimal manövrieren, da die VS-Propeller Schub in jede Richtung erzeugen können. An einem solchen Wasserfahrzeug ist ein herkömmliches Ruder überflüssig und auch nicht mehr vorhanden. Die Antriebe der 100-Tonnen-Fähren sind ähnlich ausgeführt, nur wird hier einer der zwei VS-Propeller einer Fähre mit jeweils zwei Motoren von 177 kW angetrieben.

Die Rendsburger Schwebefähre wurde beim Bau der Eisenbahnhochbrücke 1913 als zusätzliche Kanalquerung angebracht. Diese Verbindung war nicht im Planfeststellungsverfahren gefordert, sondern wurde auf Wunsch der Osterrönfelder Bevölkerung zusätzlich zu den bereits vorhandenen Kanalquerungen installiert. Der Ort südlich des Kanals hatte nämlich bislang einen eigenen Bahnhof gehabt, der durch Führung der Bahnlinie über das neue Brückenbauwerk wegfiel. Durch die Schwebefähre wurde zumindest der Weg zum Rendsburger Bahnhof erleichtert.

Haben die 100-Tonnen-Fähren in Brunsbüttel noch die herkömmlichen Fährlandeklappen an jedem Ende, die nach dem Anlegen heruntergeklappt werden und über die sich die Fahrzeuge und Fußgänger von Bord begeben, sind die 45-Tonnen-Fähren mit einem speziellen Anlegesystem ausgerüstet. An den Fährstellen für diese Fähren sind besondere Brücken vorhanden, die mit einem Gelenk an Land verbunden und somit in der Höhe frei beweglich sind. Die Fähren haben an die Brücken angepaßte Spitzen an beiden Seiten und können mit diesen zentimetergenau am Anleger „einparken". Es bleibt nur noch ein sehr schmaler Spalt zwischen Fähre und Brücke, so daß ein gefahrloses Verlassen des Decks möglich ist. Dieses System erlaubt ein erheblich schnelleres Be- und Entladen der Fähren, da nur das Anlegen und das Öffnen der Schranke erforderlich ist. Möglich wird dies aber erst durch die guten Manövriereigenschaften der Fähren mit VS-Propellern. Da die eigentliche Fahrt über den Kanal nur Minuten dauert, hat man also das An- und Ablegeverfahren optimiert, um einen möglichst schnellen Transport von einem Ufer zum anderen zu gewährleisten.

Ein besonderes Transportmittel hat der Kanal außerdem noch zu bieten: die Rendsburger Schwebefähre. Ihre Konstruktion ist weltweit fast einzigartig, es gibt nur wenige weitere Fähren ähnlicher Technik. Nachdem die Eisenbahnhochbrücke in Rendsburg bei der Kanalerweiterung Anfang des 20. Jahrhunderts fertiggestellt war, nutzte man die stabile Konstruktion, um einen weiteren Kanalübergang für Fußgänger und Fahrzeuge zu schaffen. An der Außenkante der Brücke wurden auf jeder Seite Schienen verlegt und auf diesen kleine, elektrisch angetriebene flache Wagen installiert. An diesen Oberwagen sind Stahlseile angebracht, die ungefähr 30 Meter tiefer wiederum an dem Fährkörper befestigt sind. Optisch ähnlich den schwimmenden Fähren, hängt dieses ebenfalls pontonähnliche Gebilde jedoch frei in der Luft und schwebt sozusagen über dem Kanal.

Auch hier gibt es einen Fährstand mit einem -führer, allerdings steuert dieser kein Schiff, sondern löst nur die Fahrt über die festgelegte Route aus. Das Fährdeck wird mit Schranken an jedem Ende abgeschlossen und ist ebenfalls zweispurig. Wie bei den schwimmenden Fähren kann die Fahrt allerdings auch hier lediglich erfolgen, wenn der Kanal frei ist, da die Schwebefähre nur wenige Meter über der Wasseroberfläche verkehrt. Bei starkem Wind schwankt dieses Unikum ein wenig an den Seilen hin und her, aber es versieht schon 80 Jahre fast störungsfrei seinen Dienst. Eine Überfahrt ist für jeden Besucher ein großes Erlebnis.

Von der neuen Grünenthaler Hochbrücke können auch Fußgänger und Radfahrer die Aussicht über den Kanal genießen. Sie wurde von 1983 bis 1986 als kombinierte Eisenbahn- und Straßenbrücke errichtet und hat eine Länge von 405 Metern bei einem Gewicht der Stahlkonstruktion von 3600 Tonnen. Die 1893 beim Kanalbau an dieser Stelle entstandene erste Hochbrücke wurde wegen ihrer mangelnden Größe und technischer Defekte durch den Neubau ersetzt.

Nieten bilden bei den alten Brückenkonstruktionen ein wesentliches Bauelement. Da die Schweißtechnik um die Jahrhundertwende noch nicht sehr weit entwickelt war, verband man die einzelnen Eisenteile mit einer Vielzahl dieser Stahlbolzen. Sie wurden dabei in glühendem Zustand durch vorher gebohrte Löcher gesteckt und an den herausragenden Enden mit Niethämmern zu einem flachen Halbrundkopf geformt. Allein in der Rendsburger Hochbrücke sind mehr als drei Millionen Nieten verbaut.

A uf der Mittelmole zwischen den Schleusenkammern der Abschlußschleusen in Kiel und Brunsbüttel stehen diese großen Lichtsignalanlagen. Mit ihren unterschiedlichen Lampen geben sie ähnlich einer Ampel die Einfahrt in eine der beiden Schleusenkammern für jeweils genau definierte Fahrzeuge frei. Die Lampen rechts des Mastes signalisieren dabei die Einfahrt in die rechte, die linken entsprechend in die linke Kammer. Leuchtet links die untere rote Lampe, so ist die Einfahrt in die linke Kammer verboten. Leuchten hingegen rechts übereinander grün und weiß, so dürfen in die rechte Kammer nicht mit Seelotsen besetzte Fahrzeuge einlaufen und müssen dort an der Mittelmauer festmachen. Lichtsignalanlagen mit verschiedenfarbigen Lampen regeln auch den Verkehr an den Weichen und in den Schleusenvorhäfen.

Sehestedt
F
STOLPMÜNDE
VS FÄHRE STOLPMÜNDE
16

Die Fähre „Stolpmünde" ist eine der zahlreichen 45-t-Fähren am Kanal. Mit ihren speziellen Voith-Schneider-Antrieben ist sie äußerst wendig und pendelt innerhalb weniger Minuten von Ufer zu Ufer. Auf jeder Fahrt kann sie acht Pkw und eine große Anzahl von Personen befördern. Mit einem Schiffsführer und einem Decksmann sind die Fähren rund um die Uhr im Einsatz. Da sie kein Vorfahrtsrecht gegenüber der Schiffahrt haben, nutzen sie die Lücken im Verkehrsstrom zur Kanalquerung.

In den Jahren 1893/94 wurde die kombinierte Eisenbahn- und Straßenhochbrücke Levensau erbaut. Sie besteht aus einem flachen Eisenfachwerkbogen zwischen zwei steinernen Rampenköpfen, die bis 1953 von Turmbauwerken nach Art rheinischer Burgzinnen gekrönt wurden. Bei der Brückenverbreiterung in jenem Jahr entfernte man sie, um den Begegnungsverkehr auf der Brücke gewährleisten zu können. Der Autobahnausbau erforderte 1984 eine zweite, moderne Konstruktion.

Der Nord-Ostsee-Kanal berührt zwischen der Elbmündung und der Kieler Förde drei schleswig-holsteinische Städte. Im Westen, an Elbe und Kanalmündung, liegt Brunsbüttel; ungefähr auf halber Strecke im Landesinneren Rendsburg und im Osten, an der Kieler Förde und Kanalmündung, Kiel: drei Städte unterschiedlicher Charaktere mit wechselvoller Geschichte und lebendiger Gegenwart.

Brunsbüttel in den Elbmarschen ist eingebettet in Viehweiden und wird umgeben von Industrieanlagen. Die Stadt bildete sich im 17. Jahrhundert um die Jakobuskirche. Das Gotteshaus besitzt einen barocken Altar aus der ehemaligen Glückstädter Schloßkirche. Das heutige Brunsbüttel wurde Ende der sechziger Jahre durch Gemeindereformen aus mehreren Ortschaften geschaffen und ist durch den Kanal und die Industrieansiedlungen geprägt. Im Zuge des Kanalbaus erhoffte man sich einen Wirtschaftsaufschwung für die Region und erstellte einen Bebauungsplan für einen Ort mit 100 000 Einwohnern. Diese hochfliegenden Pläne erfüllten sich zwar nicht, aber der Kanalbau mit Arbeitern, Angestellten und Beamten sorgte immerhin für einen Aufschwung. Die Bebauung aus dieser Zeit prägt auch heute noch weite Teile des Stadtbilds. Leider sorgt der Kanal auch für eine spürbare Teilung des Orts, ein deutliches Zentrum weist Brunsbüttel nicht auf.

Der erhoffte wirtschaftliche Aufschwung wurde nach dem Zweiten Weltkrieg vom Land Schleswig-Holstein erneut forciert. Man schuf die Voraussetzungen für die Ansiedlung von Großindustrie und baute einen Tiefwasserhafen an der Elbe und den Ölhafen. Chemische Industrie wie die Bayer AG, Kali-Chemie, Texaco/DEA und andere Betriebe siedelten sich an. Auch ein Atomkraftwerk wurde gebaut. Brunsbüttel als Industriestandort ist angenommen, der erhoffte Arbeitsplatzsegen blieb jedoch aus, da die Fabriken einen hohen Automatisierungsgrad aufgrund spezieller Produktionsvorgänge haben. Die Verlierer sind die kleinen Umlandgemeinden und deren Bewohner, die immer wieder den neuen Fabrikanlagen weichen mußten.

Brunsbüttel ist mit Krankenhaus, Schulen und Sportstätten ausgestattet. Man lebt gut mit der Industrie und dem Kanal.

Rendsburg liegt mitten in Schleswig-Holstein in der Eidermarsch an Eider und Kanal. Der heutige Ort hat eine wechselvolle Geschichte. Schon im 12. Jahrhundert gegründet, war er lange Zeit Burg- und Militärstandort auf der Eiderinsel an einem wichtigen Verkehrsknotenpunkt des Landes. Aus früher Zeit finden sich nur noch wenige Bauwerke im Stadtbild, so etwa die gotische Marienkirche mit Baubeginn im 13. und das Alte Rathaus aus dem 16. Jahrhundert.

Ende des 17. Jahrhunderts wurde die mittelalterliche Altstadt, auf der Eiderinsel um Rathaus und Kirche gelegen, beträchtlich erweitert. Es entstanden auch die Festungsanlagen Kronwerk und Neuwerk nördlich und südlich der Eider; die Festungsanlage Neuwerk umschloß dabei einen ganz neuen Stadtteil. Damit war Rendsburg lange Zeit nach Kopenhagen die stärkste Festung des dänischen Staates. Der Paradeplatz im Ortsteil Neuwerk mit seinen sternförmig verlaufenden Straßen ist aus dieser Zeit noch erhalten. Umfangreiche Sanierungsmaßnahmen lassen das Viertel zu großen Teilen wieder im alten Glanz erstrahlen.

Beeinflußte Militär viele Jahre das Stadtbild und -geschehen, so kam mit dem Eider- und später dem Nord-Ostsee-Kanal auch Industrie nach Rendsburg: Werften, metallverarbeitende Betriebe, Reedereien und der moderne Kreishafen prägen heute das Bild des Orts. Der Kanal veränderte Rendsburg um die Jahrhundertwende noch einmal erheblich. Durch die Grundwasserabsenkungen verloren die innerstädtischen Hafenbecken das Wasser, und neue Stadtteile wie etwa Schleife entstanden im weiteren Verlauf des Kanalbaus. Der Wirtschaftsraum Rendsburg besitzt ein Kreiskrankenhaus, eine Kreisverwaltung, viele Museen und Theater und ist ein lebendiges Gebiet im Zentrum Schleswig-Holsteins.

Zu den Sehenswürdigkeiten zählen neben dem Alten Rathaus und der Marienkirche, einer gotischen Backsteinhallenkirche, das Heimat- sowie das Druckereimuseum im Hohen Arsenal am Paradeplatz, das Dr. Bamberger Haus mit seiner Ausstellung zur jüdischen Kultur und Geschichte wie auch die Eisenkunstgußsammlung in Büdelsdorf. Natürlich darf man in dieser Aufzählung auch die Eisenbahnhochbrücke über den Kanal, ein Wahrzeichen der Stadt, und die darunter verkehrende Schwebefähre nicht vergessen. Sie wurde 1911 bis 1913 von Friedrich Voß erbaut. Eine weitere Attraktion in Rendsburg

Der Stich zeigt die Stadt Rendsburg um 1584, damals noch vollständig von der Eider umgeben. Durch den Bau des Eiderkanals im 18. und dem des Nord-Ostsee-Kanals im 19. Jahrhundert veränderte sich das Stadtbild zweimal erheblich. Schiffahrt bis in die Stadtmitte, wie auf dem Bild zu erkennen, gibt es heutzutage nicht mehr. Die Entwicklung des Ortes dokumentieren mehrere anschauliche Stadtmodelle im Rendsburger Heimatmuseum.

ist die regelmäßig stattfindende, größte landwirtschaftliche Ausstellung Schleswig-Holsteins, die NORLA. Sie steht für die enge Bindung der Stadt zur Landwirtschaft in diesem Gebiet. Kiel, die bedeutendste Stadt am Nord-Ostsee-Kanal, liegt an seiner Mündung in die Kieler Förde, einer Bucht der Ostsee. Im 13. Jahrhundert als Konkurrenz zu Lübeck gegründet, wuchs Kiel zu Zeiten der Hanse stetig, erreichte aber nie die Bedeutung großer Hansestädte wie Hamburg oder eben Lübeck. Besondere Geltung erlangte Kiel erst, nachdem es Marinestützpunkt wurde. Mit der Gründung des Deutschen Reichs ernannte man Kiel 1871 zum Reichskriegshafen. Militärische Bedeutung hat Kiel trotz wechselnder Regierungen bis zum heutigen Tag behalten: Seit 1956 ist die Stadt ein wichtiger Marinestützpunkt der Bundeswehr.

Kaiser Wilhelm II. als großer Befürworter der Marine förderte die Stadt auf vielfältige Weise; so wurden etwa umfangreiche Werftanlagen und Ausrüstungskais für die Kriegsschiffe gebaut. Diese Hafenanlagen lockten Arbeiter, Beamte, Offiziere und Unternehmer an, die Stadt expandierte gewaltig. Ruhm erlangte Kiel Ende des Ersten Weltkriegs, als es mit dem Kieler Matrosenaufstand, der sich im November 1918 ereignete, zum Zentrum der Revolution gegen Krieg und Kaiser wurde. Im „Dritten Reich" hingegen war Kiel Hauptstützpunkt der maritimen Rüstungsindustrie; man baute hier U-Boote, Panzerkreuzer und sogar einen Flugzeugträger, der allerdings bis Kriegsende nicht mehr fertiggestellt wurde.

1945 waren Werften, Hafenanlagen und 85 Prozent der Altstadt Kiels zerstört, und man mußte mit dem Neuaufbau beginnen. Der Besucher sieht heute also eine Stadt im Stil der Nachkriegszeit mit großzügigen Verkehrsanlagen, viel Beton und Glas. Relikte aus der mittelalterlichen Zeit finden sich fast gar nicht mehr. Dafür kann man aber durch moderne Einkaufspassagen bummeln und ein städtebauliches Unikum besichtigen: die Ostseehalle. Ursprünglich ein alter Sylter Flugzeughangar aus dem Zweiten Weltkrieg, hat sie hier beim Wiederaufbau neue Ehren als Veranstaltungshalle der Landeshauptstadt gefunden. Das graue Monstrum wurde in den achtziger Jahren noch einmal optisch „geliftet", ist aber nach wie vor kein Gewinn für das Stadtbild.

Dem historischen Kiel kann man jedoch noch an einigen Orten begegnen. Die Nikolaikirche am Alten Markt, ein dreischiffiger gotischer Backsteinbau mit Kern aus dem 13. Jahrhundert, lädt zur Besichtigung ein. Im Inneren des Gotteshauses befinden sich der prächtige Erzväteraltar aus der ehemaligen Franziskanerkirche, und am Eingang von St. Nikolai trifft man auf den bronzenen „Geistkämpfer", einen Engel auf einem wolfsähnlichen Tier. Diese Plastik schuf Ernst Barlach (1870–1938) um das Jahr 1927.

An der Förde – nahe der Innenstadt – befindet sich der Skandinavienkai; hier werden Fähren in die nördlichen Urlaubsländer abgefertigt. Die großen, weißen Luxusfähren nach Oslo und Göteborg sind ein beeindruckender Anblick. Große Mengen skandinavischer Besucher und Tagesausflügler prägen denn auch zur Urlaubszeit das Stadtbild; man hört im Vorbeigehen viele schwedische und norwegische Sprachfetzen.

Zwischen Skandinavienkai und Kanalmündung befinden sich noch der Sitz der Landesregierung von Schleswig-Holstein wie auch die Christian-Albrechts-Universität mit ihrem Institut für Meereskunde, mehrere exklusive Yachtclubs und ein Teil der Marinehafenanlagen. Jenseits des Kanals folgen weitere Bauten für Marinezwecke und etwas weiter die Olympiaanlagen in Schilksee, vor denen 1972 maritime Wettkämpfe der XX. Olympischen Sommerspiele ausgetragen wurden. Auf der gegenüberliegenden Fördeseite ist die Silhouette Kiels unter anderem von Kränen und Werftanlagen der Howaldt-Deutsche-Werft AG, HDW, einer großen Werft für zivile und militärische Seeschiffe, geprägt.

Sehenswert in Kiel sind das Rathaus, ein Jugendstilbau aus dem Jahr 1911, die Kunsthalle der Christian-Albrechts-Universität mit einer ständigen Ausstellung über die bildende Kunst des Nordens sowie die Gemäldegalerie im Rantzaubau des Schlosses, das auf eine im 13. Jahrhundert von den Grafen von Schauenburg errichtete Burg zurückgeht. Auf einem Spaziergang durch die Stadt findet man zudem ungefähr 120 Freiplastiken.

Seit 1882 existiert ein weiterer Höhepunkt Kiels: die Kieler Woche, eine international anerkannte Segelsportveranstaltung, die jährlich im Frühsommer veranstaltet wird. Heutzutage ist sie verbunden mit einem großen Volksfest an der Förde, das 1995 zur 100. Kieler Woche wieder Scharen von Schaulustigen anlocken wird.

Das Panorama von Kiel und dem Kieler Hafen stammt von 1895 und zeigt die Stadt im Jahr der Kanaleröffnung. Man blickt vom Südufer über die Förde auf die Kieler Innenstadt. Der heutige Besucher erkennt das alte Stadtbild allerdings nicht mehr wieder, da Kiel im Zweiten Weltkrieg erheblich zerstört und in den Nachkriegsjahren zu großen Teilen neu aufgebaut wurde.

Aus der Zeit um 1780 stammt das hervorragend restaurierte Kanalpackhaus Holtenau. Der langgestreckte Ziegelbau mit seinem Krüppelwalmdach wurde früher als Zwischenlager für die vielfältigen, mit Schiffen angelieferten Waren genutzt. Heute dient er verschiedenen anderen Zwecken, unter anderem befindet sich in ihm ein Gasthaus. An die Eröffnung des Eiderkanals erinnert ein Obelisk vor dem Packhaus mit der Inschrift „Patriae et populo, 1784".

GASTHAUS
KANAL-
PACKHAUS
KANALPACKHAUS
Stauder Pils

Die Nübbeler Windmühle „Anna“, die der Schiffsreisende nördlich des Kanals stehen sieht, wurde 1904/05 als Nachfolgerin der 1904 abgebrannten „Cäcilie“ erbaut. Heute befindet sich darin ein kleines Heimatmuseum mit vielen Objekten der verschiedenen Handwerkszweige, so etwa eine umfangreiche Werkzeugsammlung ehemaliger Nübbeler Schiffbauer und Zimmerleute. In der großen Zeit der Eiderschiffahrt gab es in dem Dorf eine Reihe kleiner, leistungsfähiger Werften.

ANNA
19
04.

Nahe bei Kiel findet sich nördlich des Kanals das Herrenhaus Knoop, das seit dem 14. Jahrhundert in den Chroniken erwähnt wurde. Der heutige Bau wurde in den Jahren 1792 bis 1800 von dem Architekten Axel Bundsen errichtet und gilt als eines der bedeutendsten klassizistischen Bauwerke in Schleswig-Holstein. Es liegt unmittelbar zwischen dem Nord-Ostsee-Kanal und einem Fragment des Eiderkanals inmitten eines stattlichen Laubwald-bestandes. Das Herrenhaus zierte zusammen mit dem Ausflugslokal „Knooper Fährhaus" auch eine Postkarte von 1900, mit der der damalige Inhaber der Gaststätte geschäftstüchtig und patriotisch warb: „Gruss aus der Ersten Deutschen Reichs-kneipe direkt am Kaiser-Wilhelm-Canal".

Idylle an Schleswig-Holsteins größtem und weltweit bekanntestem Wahrzeichen: Der Nord-Ostsee-Kanal ist nicht nur eine bauliche Meisterleistung und eine der meistbefahrenen Schiffahrtsstraßen der Welt, sondern innerhalb eines Jahrhunderts auch fester Bestandteil der Landschaft geworden. Aus dem Wechselspiel von Natur und Technik erwächst der besondere Reiz dieser Wasserstraße, der den Betrachter zu Wasser und zu Land gleichermaßen in seinen Bann zieht.

Die wichtigsten Daten zur Baugeschichte:

vor 1000 Handelsweg der Wikinger über Schlei–Treene–Eider
1571 Planungen eines Schiffahrtskanals zur Eider, veranlaßt durch Herzog Adolf von Gottorp
1773 Planungen eines Wasserwegs von der Nord- zur Ostsee unter dänischer Regierung
1777 Baubeginn des Schleswig-Holsteinischen Kanals von der Obereider zur Kieler Förde
1784 Bauabschluß des Schleswig-Holsteinischen Kanals, auch als Eiderkanal bekannt
1864 Planungen eines Wasserwegs von der Nord- zur Ostsee unter preußischer Regierung
1866 Integration Schleswig-Holsteins in Preußen
1871 Gründung des Deutschen Reichs, Integration Preußens
1880 Planungen eines Wasserwegs von der Nord- zur Ostsee unter Führung des Deutschen Reichs
16. März 1886 „Gesetz betreffend die Herstellung des Nord-Ostsee-Kanals"
1. Oktober 1886 Kaiserliche Kanalkommission beginnt mit der Projektdurchführung
3. Juni 1887 Grundsteinlegung in Holtenau durch Kaiser Wilhelm I.
21. Juni 1895 Schlußsteinlegung in Holtenau durch Kaiser Wilhelm II.
1907 Beginn der Kanalerweiterung mit Schleusenneubau
23./24. Juni 1914 Eröffnung der Neuen Schleusen in Brunsbüttel und Holtenau durch Kaiser Wilhelm II.
1951 bis heute Umfangreiche Sanierungs- und Modernisierungsarbeiten an Kanal und Betriebsanlagen
18. – 25. Juni 1995 Festwoche zum hundertjährigen Jubiläum des Nord-Ostsee-Kanals

Erklärung der wichtigsten Fachbegriffe und Informationen zu den drei größten Hafenstädten am Kanal (bei den Museumstips werden nur die genannt, die in einem Bezug zum Kanal stehen):

Backbord/Steuerbord: Seemännische Ausdrücke für links und rechts: Backbord = links, Steuerbord = rechts
Brücke: Zehn Bauwerke am Kanal mit unterschiedlicher Bauweise: zwei Eisenbahn-, zwei Autobahn-, zwei kombinierte Eisenbahn-/Straßen- und vier Straßenbrücken. Vertreten sind von genieteten Stahlfachwerkkonstruktionen bis zu modernen Spannbetonbauweisen die verschiedensten Konstruktionsarten.
Brunsbüttel: Die Stadt an der Mündung des Nord-Ostsee-Kanals in die Elbe besitzt einen Elbe- und Kanalhafen, chemische Industrie und ein Kernkraftwerk.
Tips für Besucher:
Heimatmuseum Brunsbüttel,
25541 Brunsbüttel, Markt 4,
Tel.: 04852 / 71 12, geöffnet: Di – So von 14–17, zusätzlich Mi 10–12 Uhr
Ausstellung Nord-Ostsee-Kanal und Besucherplattform Schleuse,
25541 Brunsbüttel, Am Binnenhafen 1, Informationen über das Wasser- und Schiffahrtsamt Brunsbüttel, Tel.: 04852 / 885-0; das Atrium ist täglich von 9–18 Uhr geöffnet, die Besucherplattform ebenfalls täglich von 9–18 Uhr bzw. bis Einbruch der Dunkelheit.
Dalbe: Bündel aus schräg in den Kanalboden gerammten Holzpfählen, an denen Schiffe festmachen können. Dalben sind in langen Reihen in den Weichen und Schleusenvorhäfen vorhanden.
Fähre: Wasserfahrzeug zum Transport von Personen und Landfahrzeugen über den Kanal, am Nord-Ostsee-Kanal Typfahrzeuge in zwei Größen mit ca. 30 bzw. 40 Meter Länge und 45 bzw. 100 Tonnen zulässiger Decklast. Insgesamt verkehren 18 schwimmende Fähren für den Fahrzeugtransport an 12 Fährstellen über den Kanal.
Fahrwasser: Teil der Wasserstraße, der für Passanten jeder Größe nutzbar ist und von dem nicht abgewichen werden darf.
Hafen: Anlage für Ladungsumschlag und Aufenthalt von Schiffen. Bedeutsam am Kanal sind die Binnenhäfen von Brunsbüttel und Holtenau sowie der Kreishafen Rendsburg, Schleswig-Holsteins einziger Tiefwasserhafen im Landesinneren.
Höchstgeschwindigkeit: Die maximal erlaubte Fahrtgeschwindigkeit auf dem Kanal ist festgelegt auf 15 km/h sowie für Fahrzeuge der Verkehrsgruppe 6 oder mit einem Tiefgang von mehr als 8,5 Metern auf 12 km/h.
Kanalsteurer: Ein streckenkundiger Steuermann, der gegen eine Gebühr das Ruder eines den Kanal passierenden Schiffs übernimmt. Auf dem Kanal herrscht Annahmepflicht für Fahrzeuge von mehr als 2 500 BRT.
Kanalverwaltung: Der Kanal unterliegt der Wasser- und Schiffahrtsverwaltung des Bundesministeriums für Verkehr. Zuständig für Betrieb und Unterhaltung sind die Wasser- und Schiffahrtsämter Brunsbüttel und Kiel-Holtenau, für Neu- und Ausbau von Kanal und Anlagen das Wasserstraßenneubauamt Rendsburg und für Unterhaltung und Instandsetzung von Fähren und Dienstfahrzeugen sowie technischen Landanlagen der Bauhof Rendsburg, die ehemalige Staatswerft Saatsee.
Kiel: Die Landeshauptstadt Schleswig-Holsteins an der Mündung des Nord-Ostsee-Kanals in die Kieler Förde ist Sitz der Landesregierung und des Landtags. In Kiel gibt es einen Ostsee- und Kanalhafen, Fährlinien nach Skandinavien, Schiffs- und Maschinenbauindustrie, Textil-, Photo- und Elektroindustrie, die Christian-Albrechts-Universität und das Theater. Besondere Attraktion ist die Kieler Woche, eine Segelsportveranstaltung, die im Jahr 1995 zum 100. Mal stattfindet.

Tips für Besucher:
Aquarium, Institut für Meereskunde, 24105 Kiel, Düsternbrooker Weg 20, Tel.: 0431 / 597 38 57, geöffnet: April bis September tägl. 9–19 Uhr und Oktober bis März tägl. 9–17 Uhr
Kieler Stadt- und Schiffahrtsmuseum, Fischhalle / Museumsbrücke,
24103 Kiel, Stadtmuseum, Dänische Str. 19, Tel.: 0431 / 901 34 25; Schiffahrtsmuseum, Wall 65, Tel.: 0431 / 901 34 28, geöffnet: 15. April bis 14. Oktober tägl. 10–18 Uhr und 15. Oktober bis 14. April Di – So 10–17 Uhr, montags geschlossen, keine Schiffsbesichtigung
U-Boot (U 995), Marine-Ehrenmal und U-Boot-Museum, 24235 Laboe, Strandstr. 92, Tel.: 04343 / 87 55; das Museum ist geöffnet: 1. November bis 28. Februar 9.30–16 Uhr, März 9.30–17 Uhr, April bis September 9–18 Uhr, und Oktober 9.30–17 Uhr. Das U-Boot ist das ganze Jahr über ab 9.30 Uhr zu besichtigen und wird zu den oben genannten Zeiten geschlossen.
Schleusenführungen mit Ausstellungsbesuch Nord-Ostsee-Kanal, Wasser- und Schiffahrtsamt Kiel-Holtenau, 24159 Kiel, Schleuseninsel 2, Tel.: 0431 / 360 34 07, halbstündige Gruppenführungen: täglich 9, 11, 13 und 15 Uhr

Leuchtturm: Festes Seezeichen zur Aussendung von Lichtsignalen. Die Einfahrten in die Schleusenvorhäfen Brunsbüttel und Holtenau sind seeseitig mit Leuchttürmen gekennzeichnet.

Lotse: Streckenkundiger Kapitän, der gegen eine Gebühr die Schiffsführung während der Kanalpassage unterstützt und nautische Ratschläge erteilt. Auf dem Kanal herrscht Lotsenannahmepflicht, einzige Ausnahme: Sportboote, Kleinfahrzeuge und regelmäßig passierende Schiffe, deren Kapitän die Streckenkunde nachgewiesen hat.

Makler: Selbständiger Agent, der den gewünschten Warentransport von Kunden an Reedereien und umgekehrt vermittelt oder vermakelt und auch in formellen Angelegenheiten in fremden Häfen häufig als Beauftragter von Reedereien tätig ist.

Nord-Ostsee-Kanal: Künstliche Wasserstraße zwischen Brunsbüttel und Holtenau mit einer Länge von 98,6 Kilometern, einer Breite von 162 und einer Tiefe von 11 Metern. Zugelassen sind Wasserfahrzeuge mit folgenden Höchstabmessungen: 235 Meter Länge, 32,5 Meter Breite, 40 Meter Höhe über dem Wasserspiegel und 9,5 Meter Tiefgang.

Rendsburg: Die Kreisstadt an der Eider und am Nord-Ostsee-Kanal besitzt einen Kanalhafen, Schiff- und Maschinenbauindustrie, Holz- und Getreidehandel. Auch das Landestheater Schleswig-Holstein hat hier seinen Sitz.
Tips für Besucher:
Historisches Museum und Norddeutsches Druckereimuseum Rendsburg, Kulturzentrum Hohes Arsenal, 24768 Rendsburg, Arsenalstr. 2–10, Tel.: 04331 / 20 66 32, geöffnet: Di bis Fr 10–12, 15–18 Uhr, Sa und So 10–13, 14–17 Uhr
Elektromuseum der Schleswag,
24768 Rendsburg, Stormstr. 1, Tel.: 04331 / 18 24 65, geöffnet: Mo – Fr 10–17 Uhr (Gruppen ab zehn Personen nur nach tel. Vereinbarung)
Eisenkunstgußmuseum, 24768 Büdelsdorf, Glück-Auf-Allee 1, Tel.: 04331 / 387 11, geöffnet: Di – Sa 15–18 Uhr, zusätzlich Mi 9–12 Uhr und So 10–12 Uhr
Schwebefähre, 24768 Rendsburg, Am Kreishafen, Tel.: 04331 / 59 41 58; eine Fahrt mit der Schwebefähre ist während des normalen Fährbetriebs möglich: April bis Oktober 5–23 Uhr und November bis März 5–22 Uhr

Schiffsausrüster: Händler für jeglichen Bedarf an Bord eines Schiffs, angefangen bei Lebensmitteln bis hin zu technischem Zubehör und Ersatzteilen sowie Verbrauchsstoffen. Er handelt häufig auch mit Waren aus Zollfreilagern für den Verbrauch außerhalb der Hoheitsgewässer.

Schleuse: Bauwerk zur Überwindung von Höhenunterschieden an künstlichen Wasserstraßen. Am Kanal gibt es je zwei Doppelschleusen an den Kanalmündungen, eine Einzelschleuse zum Gieselaukanal und eine Einzelschleuse zum Achterwehrer Schiffahrtskanal.

Schöpfwerk: Pumpenanlage an Kanälen, die das abfließende Wasser aus der tieferliegenden Umgebung auf das höhere Niveau der Kanäle pumpt, um den durch die künstliche Wasserstraße gestörten Wasserabfluß wiederherzustellen.

Schwebefähre: An Seilen unter der Rendsburger Eisenbahnhochbrücke hängende Fähre, verkehrt ohne Wasserberührung über dem Kanal.

Signalanlage: Mast mit Lichtsignalen verschiedener Farben und Anordnungen zur Regelung des Verkehrs an Schleusen, Weichen und Hafenanlagen.

Tidenhub: Durch den Wechsel der Gezeiten, Ebbe und Flut, hervorgerufener Höhenunterschied des Wasserspiegels eines Tidegewässers.

Tonne: Schwimmendes Seezeichen zur Kennzeichnung von Fahrwassergrenzen oder Gefahrstellen mit unterschiedlicher Farbgebung und definierten Lichtsignalen.

Verkehrsgruppe: Einteilung der Kanalpassanten in verschiedene Größenkategorien zur Steuerung des Verkehrsflusses auf dem Kanal. Es gibt die Gruppen 1 bis 6.

Weiche: Verbreiterung des Fahrwassers, in der die Begegnung großer Schiffe abgewartet werden muß. Am Kanal gibt es zwölf Weichen, jede ausgestattet mit Lichtsignalanlagen und Dalbenreihen.

Kolkerheide
Löwenstedt
Dreisdorf
Haselund
Bohmstedt
Horstedt
Husum
Mildstedt
Schwesing
Rantrum
Kolden-büttel
Friedrichstadt
Schwabstedt
Seeth
Lunden
Süderstapel
Norderstapel
Wohlde
Bergenhusen
Meggerdorf
Tetenhusen
Delve
Erfde
Hennstedt
Bargen
Wedding-stedt
Linden
Schalkholz
Tellingstedt
Pahlen
Heide
Ostrohe
Lohe-Rickelshof
Nordhastedt
Hemming-stedt
Welm-büttel
Albersdorf
Epenwöhrden
Sarzbüttel
Nindorf
Tensbüttel
Bargenstedt
Süder-hastedt
Wind-bergen
Eggstedt
Schafstedt
Frestedt
Quickborn
St. Michaelisdonn
Buchholz
Kuden
Burg (Dithmarschen)
Eddelak
Averlak
Kudensee
Wilster
Brunsbüttel
St. Margarethen
Elbe
Balje
Krummendeich
Freiburg (Elbe)
Geversdorf
Oederquart
Caden-berge
Wischhafen
Oberndorf
Drochtersen
Hemmoor
Osten
Großenwörden
Engelschoff
Basbeck
Eggebek
Jörl
Sollwitt
Viöl
Sollerup
Immen-stedt
Oster-Ohrstedt
Wester-
Treia
Silberstedt
Jübek
Schuby
Langstedt
Bolling-stedt
Hollingstedt
Ellingstedt
Ostenfeld
Winnert
Dörpstedt
Groß Rheide
Börm
Kropp
Klein Bennebek
Owschlag
Alt-Duvenstedt
Lohe-Föhrden
Fockbek
Hohn
Rendsburg
Sophienhamm
Dellstedt
Hamdorf
Prinzenmoor
Breiholz
Wrohm
Osterrade
Oldenbüttel
Haale
Hanerau-Hademarschen
Lütjenwestedt
Gokels
Beringstedt
Thaden
Puls
Schenefeld
Besdorf
Hadenfeld
Hochdonn
Wacken
Vaale
Kaaks
Hohenaspe
Oldendorf
Kleve
Itzehoe
Heiligen-stedten
Münsterdorf
Krempe
Kremper-heide
Dägeling
Beidenfleth
Brokdorf
Wewelsfleth
Borsfleth
Glückstadt
Herzhorn
Horst (Holst.)
Elmshorn
Kollmar
Neuendorf
Seester-mühe
Uetersen
Tornesch
Kl.-Nordende
Moorrege
Sieverstedt
Stolk
Idstedt
Neuberend
Lürschau
Schleswig
Schlei
Busdorf
Selk
Dannewerk
Jagel
Fahrdorf
Brekendorf
Hüttener Berge
Naturpark Aschberg
Büdelsdorf
Schacht-Audorf
Westerrönfeld
Schülldorf
Nübbel
Jevenstedt
Elsdorf-Westermühlen
Schülp b.Rendsb.
Nord-Ostsee-Kanal
Eider
Treene
Luhnstedt
Stafstedt
Embühren
Nindorf
Nienborstel
Todenbüttel
Remmels
Bargstedt
Hohenwestedt
Mörel
Rehar
Jahrsdorf
Naturpark Aukrug
Aukrug
Peissen
Hennstedt
Lockstedt
Hohenlockstedt
Kellinghusen
Rade
Mühlenbarbek
Oelixdorf
Lägerdorf
Wrist
Hitzhusen
Westerhorn
Bokel
Brande-Hörnerkirchen
Hohenfelde
Klein Offenseth
Barmstedt
Sparrieshoop
Bokholt-Hanredder
Kölln-Reisiek
Seeth-Ekholt
Heede
Lutzhorn
Stoltebüll
Thumby
Süderbrarup
Rabenkirchen-Faulück
Struxdorf
Böel
Tolk
Taarstedt
Ulsnis
Schaalby
Brodersby
Rieseby
Kosel
Gülby
Fleckeby
Osterby
Windeby
Groß Wittensee
Bistensee
Wittensee
Sehestedt
Bovenau
Holtsee
Gosefeld
Eckernförde
Eckernförder Bucht
Barkelsby
Loose
Ludwigsburg
Holzdorf
Waabs
Arnis
Boren
Winnemark
Dörphof
Karby
Brodersby
Schönhagen
Damp
Kiel
Altenhof
Neudorf
Noer
Surendorf
Schwedeneck
Dänischenhagen
Dänischer Wohld
Strande
Osdorf
Felm
Gettorf
Bornstein
Lindau
Altenholz
Neuwittenbek
Schinkel
Kronshagen
KIEL
Quarnbek
Bredenbek
Achterwehr
Felde
Westensee
Naturpark Westensee
Emkendorf
Brux
Mielkendorf
Groß Vollstedt
Schierensee
Blumenthal
Langwedel
Warder
Ellerdorf
Nortorf
Dätgen
Bordesholm
Wattenbek
Timmaspe
Gnutz
Einfeld
NEUMÜNSTER
Wasbek
Arpsdorf
Padenstedt
Willenscharen
Brokstedt
Armstedt
Wiemersdorf
Bad Bramstedt
Großenaspe
Heidmühlen
Boostedt
Bimöhlen
Hasenmoor
Weddelbrook
Lentföhrden
Nützen
Schmalfeld
Oersdorf
Kaltenkirchen
Kisdorf
Henstedt-Ulzburg
Wakendorf II
Alveslohe
Bilsen
Hemdingen
Ellerau
Quickborn
Ellerhoop
Borstel-Hohenraden
Kummerfeld
Prisdorf
Appen
Hasloh
NORDERSTEDT
Bönningstedt
Tangstedt
Duvenstedt
Ammersbek
Ahrensburg
Bargteheide
Delingsdorf
Jersbek
Bargfeld-Stegen
Kayhude
Nahe
Itzstedt
Sülfeld
Wilstedt
Struvenhütten
Sievershütten
Stuvenborn
Hartenholm
Todesfelde
Seth
Oering
Leezen
Groß Niendorf
Wittenborn
Fahrenkrug
Wahlstedt
Bark
Kükels
Rickling
Trappenkamp
Daldorf
Negernbötel
Schackendorf
Groß Kummerfeld
Bönebüttel
Rendswühren
Bornhöved
Stolpe
Wankendorf
Schillsdorf
Nettelsee
Brügge
Bissee
Kühren
Kirchbarkau
Postfeld
Honigsee
Flintbek
Molfsee
Rönne
Preetz
Raisdorf
Elmschenhagen
Klausdorf
Schönkirchen
Mönkeberg
Heikendorf
Laboe
Stein
Kieler Förde
Schleswig-
Holstein
Dithmarschen
Land Kehdingen
Schwansen
Stapelholm